POLICY AND PRACTICE IN
URBAN BUS OPERATING COST REGULATION AND
FISCAL SUBSIDY

基于成本规制的
城市公交运营补贴制度
研究与实践

许　飒　杜云柯　彭　虓　张玉清　刘晓菲　编著

人民交通出版社股份有限公司
北　京

内 容 提 要

本书共十章，第一章分析了城市公交的地位和作用、城市公交发展现状和面临的挑战，第二章探讨了城市公交运营财政补贴理论基础，第三章回顾了我国城市公交运营补贴政策演变历程，第四章分享了伦敦、新加坡等城市公交运营补贴国际经验，第五章~第七章阐述了城市公交运营补贴制度体系的总体设计思路及成本规制制度、补贴-票价-服务质量-考核联动机制及票制票价调节关键技术方法，第八章提出了基于成本规制的财政补贴原型系统设计，第九章介绍了深圳、天津等城市实践案例，第十章对进一步完善制度体系提出了相关政策建议。

本书可供城市公交领域科研工作者、技术人员、政府相关部门管理人员等参考使用。

图书在版编目（CIP）数据

基于成本规制的城市公交运营补贴制度研究与实践 / 许飒等编著. — 北京：人民交通出版社股份有限公司，2022.5

ISBN 978-7-114-17909-9

Ⅰ.①基… Ⅱ.①许… Ⅲ.①城市交通—公共交通系统—财政补贴—研究—世界 Ⅳ.①U491.1

中国版本图书馆 CIP 数据核字（2022）第 061226 号

Jiyu Chengben Guizhi de Chengshi Gongjiao Yunying Butie Zhidu Yanjiu yu Shijian

书　　名：	基于成本规制的城市公交运营补贴制度研究与实践
著 作 者：	许　飒　杜云柯　彭　虓　张玉清　刘晓菲
责任编辑：	李　佳
责任校对：	孙国靖　魏佳宁
责任印制：	张　凯
出版发行：	人民交通出版社股份有限公司
地　　址：	（100011）北京市朝阳区安定门外外馆斜街3号
网　　址：	http://www.ccpcl.com.cn
销售电话：	（010）59757973
总 经 销：	人民交通出版社股份有限公司发行部
经　　销：	各地新华书店
印　　刷：	北京交通印务有限公司
开　　本：	720×960　1/16
印　　张：	15
字　　数：	215千
版　　次：	2022年5月　第1版
印　　次：	2023年3月　第2次印刷
书　　号：	ISBN 978-7-114-17909-9
定　　价：	86.00元

（有印刷、装订质量问题的图书由本公司负责调换）

前 言 | PREFACE

　　城市交通系统是综合交通运输体系的重要组成部分。长期以来，城市交通问题是世界各国城市发展中共同关注的焦点和热点。从全球城市发展特点来看，城市交通问题既有其共性的一面，又有其个性的一面。就我国来说，随着国民经济的持续快速增长，城市发展也进入了快速增长期。一方面，城市居住区向郊区迅速扩展；另一方面，就业、商业、文化等设施仍高度集聚在老城区。这种非均衡的城市空间扩张形态，加剧了交通出行量的增加。与此同时，随着经济社会的快速发展，私人小汽车的拥有率空前提高，引发了交通堵塞、交通事故和环境污染等一系列社会问题。特别是大城市，这些问题更加严重和突出。解决城市交通问题的根本途径就是发展公共交通，实施公交优先政策，建立先进的公交系统，提高道路通行能力和公共交通运行效能。

　　城市公交作为城市完全开放的社会共享资源，其经营活动具有鲜明的二重性：公益性和市场性。城市公交企业既具有生产特点，又具有公益功能。作为企业，它必须保证各项运营工作正常运转；而作为城市基础设施，公交开辟线路、确定班次及运营时间必须满足群众需要，票价调整又需由政府控制。在市场经济条件下，公交企业无疑应以经济效益为中心；但城市公交企业又不能以盈利为唯一目标，还必须体现社会效益，以低于或等于运输成本的票价，向乘客提供主要以社会效益为目标的客运服务。基于以上原因，城市公交企业客观上需要政府进行财政补贴。然而，政府对城市公交企业的巨额补贴也导致了公交企业开支增加、工作效率低下等弊端的产生。探索政府对城市公交企业的规范性补贴机制，对于缓解国家财政压力，激发城市公交企业活力，并促进其最终走向市场具有现实意义。

财政资金保障是落实公交优先发展战略的关键环节，也是平衡城市公交服务公益属性及城市公交企业市场属性的有效手段，能够充分发挥公共财政资金二次分配的积极作用，解决广大中低收入群体的基本出行需求，保障城市公交行业稳定发展，有助于促进城市交通节能减排、缓解交通拥堵，实现城市的可持续发展。但是财政资金补贴给谁、补贴多少、怎样补贴，成为困扰城市公交补贴的重要问题。只有明确了财政补贴的对象、补贴额度以及补贴方式，才能进一步完善城市公交的财政补贴机制。在城市公交补贴机制确定的基础上，城市公交补贴相关配套制度是补贴机制有效实施的重要保障。只有制定、实施规范的城市公交补贴制度，创造良好的政策环境，才能保证城市公交补贴的效益及促进城市公交事业的发展。

本书系统总结了我国国家层面、省级层面、城市层面出台的城市公交财税扶持政策，涵盖运营及基础设施领域，并结合当前城市公交发展的状况及形势，分析了我国当前城市公交的发展困境及财税扶持体系存在的主要问题。基于我国城市公交的发展实际和相关经济学理论，本书重点阐述了城市公交运营补贴制度体系的总体设计思路及成本规制制度、补贴-票价-服务质量-考核联动机制及票制票价调节关键技术方法，同时提出了保障运营补贴制度有效实施的成本规制体系关键技术，并由此形成了基于成本规制的我国城市公交补贴配套制度体系。

  本书是作者多年研究工作成果的经验积累，也是课题组研究人员共同智慧的结晶。书中部分理论、方法和典型案例借鉴了相关学科领域已有的研究成果，融合了国内部分城市的实际工作成果。正是这些研究积累和实践工作支撑推动了城市公交补贴方法和政策制度的不断创新和发展。

  由于作者学识水平有限，且编写时间仓促，书中难免存在错误和不足之处，敬请读者批评指正。

作　者

2021年11月

目 录 | CONTENTS

第一章 概论 ··· 1

　第一节　城市公交的地位和作用 ······················· 2
　第二节　我国城市公交发展现状 ······················· 4
　第三节　我国城市公交行业面临的挑战 ················· 11

第二章 城市公交运营财政补贴理论基础 ··············· 19

　第一节　公共品特性 ································· 20
　第二节　城市公交行业的公共品属性 ··················· 21
　第三节　经济学相关理论 ····························· 24
　第四节　财政学相关理论 ····························· 28
　第五节　博弈论相关理论 ····························· 41

第三章 我国城市公交运营补贴政策演变历程 ··········· 45

　第一节　我国公交行业发展历程 ······················· 46
　第二节　我国城市公交补贴机制发展历程 ··············· 63

第三节　我国公交发展政策环境……………………………………… 70

第四节　我国公交运营补贴需求………………………………………… 78

第四章　城市公交运营补贴国际经验　85

第一节　城市公交财政扶持政策经验…………………………………… 86

第二节　城市公交运价及调价经验……………………………………… 97

第三节　城市公交服务质量考核经验…………………………………… 112

第五章　基于成本规制的财政补贴制度体系　117

第一节　国家宏观政策分析……………………………………………… 118

第二节　政府支出责任分析……………………………………………… 123

第三节　城市公交补贴制度框架体系设计……………………………… 127

第四节　国家层面财政扶持体系设计…………………………………… 131

第五节　国家层面产业政策扶持体系设计……………………………… 132

第六节　城市层面财政扶持机制设计…………………………………… 135

第六章　基于成本规制的财政补贴关键制度　137

第一节　城市公交运营成本规制制度设计……………………………… 138

第二节　运营补贴制度设计……………………………………………… 140

第三节　城市公交定价及调价制度设计………………………………… 144

第四节　公共交通发展专项资金制度设计……………………………… 147

第七章　基于成本规制的财政补贴关键机制与技术方法　153

第一节　运营成本规制体系技术方法…………………………………… 154

第二节　基于服务质量激励的公交运营补贴方法 …………………… 159

第三节　票制票价调节关键技术方法 ………………………………… 164

第四节　公交运营成本 - 票价 - 补贴 - 考核联动机制 ……………… 165

第八章　基于成本规制的财政补贴原型系统设计 ………………… 169

第一节　城市公交运营成本监测原型系统 …………………………… 170

第二节　城市公共交通服务质量评价原型系统 ……………………… 186

第九章　应用实践案例 ……………………………………………… 201

第一节　深圳 …………………………………………………………… 202

第二节　天津 …………………………………………………………… 208

第三节　成都 …………………………………………………………… 211

第四节　贵阳 …………………………………………………………… 214

第五节　佛山 …………………………………………………………… 216

第十章　制度展望 …………………………………………………… 219

第一节　财政资金绩效评估管理 ……………………………………… 220

第二节　政府和市场信用体系建设 …………………………………… 221

第三节　公交运行监测体系建设 ……………………………………… 223

参考文献 …………………………………………………………………… 225

第一章 CHAPTER 1

概 论

第一节　城市公交的地位和作用

城市公交是一种集约高效、节能环保的机动化出行方式,是城市公共交通的重要组成部分,是城市赖以生存和发展的最基本条件,影响着城市整体功能的发挥。城市公交具有载客量大、运送效率高、运输成本低、能源消耗低、相对污染少等优点,能够为城市居民提供价格低廉、安全可靠、环保舒适的乘车环境。优先发展公共交通是缓解交通拥堵、转变城市交通发展方式、提升人民群众生活品质、提高政府基本公共服务水平的必然要求,是生态文明建设的战略选择。

2017年5月实施的《城市公共汽车和电车客运管理规定》(交通运输部令2017年第5号)对城市公交进行了规定,城市公交客运是指在城市人民政府确定的区域内,运用符合国家有关标准和规定的公交车辆和城市公交客运服务设施,按照核准的线路、站点、时间和票价运营,为社会公众提供基本出行服务的活动。城市公交客运服务设施是指保障城市公交客运服务的停车场、维修场、站务用房、候车亭、站台、站牌以及加油(气)站、电车触线网、整流站和电动公交车充电设施等相关设施。规定还明确指出,城市公交客运是城市公共交通的重要组成部分,具有公益属性。

城市公交呈现点多、线长、面广等特性,但是与私人交通相比,城市公交具有能耗低、效率高、运量大、污染小等优点,可以概括为以下几点:

(1)服务的公益性。城市公交是城市客运的重要组成部分,是城市交通系统的子系统之一,为整个城市居民出行提供社会化服务,即为城市社会生产和再生产提供最基础的物质条件,这使得城市公交具有公共性。同时,城市公交还具有公益性,需要以合理的价格、优良的服务质量、较充足的运力投放向社会提供稳定、安全的出行服务，为社会、经济发展提供条件，促进社会总体经济效率的提高及社会福利的增加。在我国，城市公交的公益特征突出表现在要承担一些社会公益责任，例如对60岁或65岁以上的老年人、伤残人员、1.2m或1.3m以下儿童提供免票服务等。

（2）效益的综合性。城市公交的效益重在为城市各生产部门提供出行服务，而非经济效益。城市公交企业所提供的出行服务，能够提高各生产部门的经济效益和整个城市的社会效益、环境效益，因此，城市公交产生的效益具有综合性。

（3）建设的超前性。城市公交系统应当超前建设，形成公共交通引导城市发展的模式和格局，如若城市公交系统被动地跟随城市的发展来建设，往往会使城市交通效率低下。而且，城市公交系统建设，无论是在质量、数量上，还是在空间、时间上都必须与城市建设保持一定的协同关系。

（4）经营的垄断性。城市公交票价由政府进行管制，必须依靠市场票款收入和财政补贴才能维持城市公交企业正常的生产活动，为了保持公共交通服务的稳定性及发挥规模效应，城市公交的运营必须具有一定的垄断性，否则会造成资源浪费或供给不足等情况的发生。

（5）运行的可靠性。城市公交运行准点率和运行速度是提升城市公交吸引力的关键指标。城市公交专用道能够有效保障城市公交的运行速度和车辆到站准点率，是提升城市公交吸引力的有效措施。

（6）企业的市场性。城市公交服务具有公益属性，但城市公交企业是独立的经济体，具有市场属性，需要各项生产要素来维持正常运转，如资金。城市公交属于政府定价行业，公交票价受到政府管制，无法真实体现公交出行服务的成本价格，导致绝大多数的公交票价低于成本价格，仅靠票款收入难以维持企业的正常运转。公交出行服务有两个购买主体，分别是政府和乘客，当政府补贴不足时，必须进行票价调整，以保证企业的可持续经营。

城市公交生产运营具有明显的正外部性，其产品是一种典型的准公共产品，城市公交的正外部性特征体现在社会效益、环境效益和经济效益等方面。在社会效益方面，城市公交能够增强城市的综合竞争力，提高社会公平性，提升城市的综合承载能力和发展韧性；在环境效益方面，城市公交能够降低城市能源损耗、减少环境污染；在经济效益方面，城市公交能够促进技术进步。主要包括以下几方面：

（1）城市公交是城市的血液循环系统，是实现城市经济发展和生产生活的基本前提，保障了城市的正常运转和城市功能的正常发挥，促进了城市的正常流通，直接保证了城市经济活动和居民生活的有序运转。

（2）以城市公交走廊建设为城市发展脉络，可以塑造有形的城市形态，能够突出城市公交作为城市客运系统的主体地位和作用，形成城市交通的骨架，有利于提高城市功能布局的合理性和城市空间开发的高效性。

（3）城市公交依托于城市公交专用道系统，能够在很大程度上减少居民的出行时间，缩短城乡时空距离，其集约化、运量大的特点，能够提高各项资源的利用效率。

（4）城市公交是城市精神文明的窗口，其服务质量的优劣可以直接反映城市管理水平、精神文明建设水平，"绿色出行宣传月""公交出行宣传周"等对于培养公众绿色出行意识，积极倡导文明、绿色的生活方式发挥着积极作用，公交出行正逐步成为风尚。

第二节 我国城市公交发展现状

在城镇化和机动化高速发展的今天，城市公交在减少道路资源使用、保护环境和节约能源三个方面，具有其他交通方式无法比拟的优越性，考虑到我国城市人口密集、城市道路资源稀缺，优先发展公共交通符合我国城市发展和交通发展的实际，对于改善城市人居环境，促进城市可持续发展具有积极作用。因此，大力发展城市公共交通，实行"公交优先"战略，对于加快经济发展、提高资源利用率具有重大意义。近年来，各地贯彻落实"公交优先"战略，城市公交行业发展取得显著成效。

一、设施供给能力持续升级

城市公交车辆数持续大幅增长，全国城市公交运营车辆数从2010年的42.1万辆增长到2020年的70.4万辆，累计增长67.3%，新能源车辆占比达到66.2%，空调车占比达到82.1%，安装卫星定位系统车辆占比达到90.1%。全国城市公交运营里程从2010年的317.9亿km增长到2019年的354.1亿km，2020年受新冠肺炎疫情影响降至302.8亿km。2010—2020年全国公交运营车辆数见图1-1。

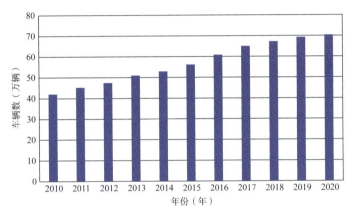

图1-1　2010—2020年全国公交运营车辆数

基础设施保障方面，截至2020年底，全国公交场站面积达到9838.4万m^2，较"十二五"初期增长40.7%，车均场站面积122.8 m^2/标台。公交专用车道长度达到16551.6km，较"十二五"初期翻了近一番。城市交通枢纽场站建设稳步推进，杭州、宁波、长沙、银川等城市公交车辆进场率达到100%。

截至2020年底，我国共有35个城市开通了BRT（快速公交系统，Bus Rapid Transit），BRT运营车辆数为9891辆，比2019年增加389辆，同比增长4.1%。全国BRT线路总长度达6682.2km，比2019年增加532.4km，同比增长8.7%。

二、运输服务能力稳步提升

服务供给方面，全国城市公交线路条数从2010年的3.37万条增长到2020年的7.06万条，累计增长109.8%；运营线路长度从2010年的63.4万km增长到2020年的148.2万km，累计增长133.8%；运营里程从2010年的317.9亿km增长到2019年的354.1亿km，累计增长11.4%，2020年受新冠肺炎疫情影响降低至302.8亿km。2010—2020年全国公交运营线路长度和线路条数见图1-2。

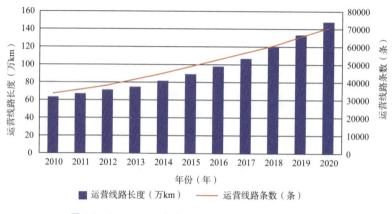

图 1-2　2010—2020年全国公交运营线路长度和线路条数

从客运量看，城市公交仍是城市客运的主体。2010年，全国城市公交完成客运量670.1亿人次，占城市客运总量的62.4%。2019年，全国城市公交完成客运量691.76亿人次，占城市客运总量的54.1%；2020年受新冠肺炎疫情影响，全国城市公交客运量降至442.4亿人次，占城市客运总量的50.7%。2010—2020年全国城市客运总量和不同方式客运量占全国城市客运总量的比例见图1-3、图1-4。

三、公交都市创建成效显著

为进一步贯彻落实《国务院关于城市优先发展公共交通的指导意见》（国发〔2012〕64号），交通运输部于2012年启动了国家公交都市建设示范工程，作为深入落实公交优先发展战略、治理城市交通拥堵的重要抓手。"十二五"时期交通运输部在全国遴选了37个国家公交都市创建城市，其中33个城市通过验收，成为国家公交都市建设示范城市。随着公交都市创建深入推进，城市交通出行体系建设取得显著成效，基础设施建设有了新进展，政策保障制度逐步完善，服务水平持续提升。部分城市公共交通机动化出行分担率超过60%，城市公共交通乘客满意度达到85%以上，有力保障了广大人民群众安全、便捷、经济、高效的出行需求。国家公交都市建设示范工程成绩显著，人民群众的获得感、幸福感和安全感倍增，创建成效主要体现在以下三个方面：

一是从"被动适应"向"主动引领"转变。即从过去公交服务被动追随城市出行增长需求，转变为通过打造公交走廊、综合客运枢纽，主动引导城市空间布局和用地调控。

图1-3 2010—2020年全国城市客运总量

图1-4 2010—2020年不同方式客运量占全国城市客运总量的比例

二是从"部门行为"向"政府行为"转变。即公交发展从过去"就公交谈公交"的部门行为上升为政府主导的市长工程，形成政府搭台，多部门密切协作、相互配合、统筹推进的新格局。

三是从"具体项目"向"全面推进"转变。即从过去公交发展注重基础设施项目建设，转变为从公交投资、用地、路权等方面实施全方位、立体式优先战略。

四、智能公交建设不断深入

移动互联网、大数据、云计算、人工智能等新一代信息技术在城市公共交通领域得到深度融合，城市交通智能化建设深入推进。实现车辆位置、车载视频、IC卡刷卡、车载客流、CAN总线车辆运行状况的实时监测。"互联网+"与城市交通融合发展，差异化定制服务模式持续推进，全国有超过50个公交都市创建城市提供了基于互联网的定制公交服务，多个城市开通定制公交、商务班车、旅游专线、通勤班车等特色公交。无人驾驶公交车已在深圳、上海、天津、郑州等城市测试运行。交通一卡通、手机移动支付、二维码付款、银联闪付等非现金支付方式稳步推进。截至2020年12月底，全国303个地级以上城市实现交通一卡通互联互通。基于移动互联网的多元支付方式快速普及，全国有100多个城市已进入公交移动支付时代。部分城市和互联网企业开始尝试智慧型综合出行信息服务系统或一站式公共出行服务平台的建设，向公众提供全链条、全方式、跨区域的综合交通"一站式"信息服务。

五、绿色文明出行渐成风尚

各地积极推进"城市公交+慢行交通"的出行模式。慢行交通系统作为城市交通系统的重要组成部分，在政策规划、基础设施、运力投放、换乘衔接等方面取得了较大发展。上海、杭州等城市发布了慢行交通规划，打造自行车和步行交通网络。武汉实施慢行复兴计划，每年新建100km的自行车道，新建的东湖绿道被喻为"世界最美绿道"，中山大道步行街区复兴规划获得了国际城市规划领域最高奖项"规划卓越奖"。深圳建成的城市步行绿道超过2000km，设置自行车停放区5000余个。太原依托滨河自行车专用道主动脉，打造集合通勤、运动、休闲等多种功能于一体的全长75km、宽5m的专用自行车道网络体系，形成了方便出行、景观多样、富有活力的自行车交通系统。北京建成了回龙观至上地自行车专用道，这是北京市首条自行车专用道，全长6.5km，有效缓解了两地间的交通拥堵状况。

政府通过绿色出行宣传月、公交出行宣传周、无车日等活动，宣传和推广公交优先、绿色出行的理念，进一步营造了全民绿色出行的氛围和环境。2019年，交通运输部等12部门和单位发布了《关于印发绿色出行行动计划（2019—2022年）的通知》（交运发〔2019〕70号），进一步提出了未来一段时期深入推进绿色出行的行动指南。新能源公交车辆推广应用持续扩大，2020年新能源运营车辆数（包括纯电动车、混合动力车）比2019年增加5.64万辆，占我国城市公交运营车辆总数的比例达66.2%，较2019年提高7.1个百分点。

在城市公共交通优先发展的大环境下，我国城市公共交通发展取得了显著成绩，服务品质提升明显，但是相关政策措施的落地性还有一些不到位的地方，还需要持续加大供给侧结构性改革，全面提升城市公交发展韧劲。我国城市公共交通存在的主要问题有以下六个方面：

一是规划先导作用有待进一步加强。部分城市的规划理念滞后，城市功能布局不合理，中心区功能过度集中、新区功能普遍单一，交通需求分布不均衡，居民出行总量和出行距离大幅增长，对个人机动化出行方式的依赖不断增强。很多地方在规划中提出了建立公交引导城市发展模式，但是在实际操作中没有真正落实，公交规划与道路建设、交通管理等缺乏有效衔接，多部门共同参与的城市公共交通协调和落实机制还未建立，部分城市规划组织实施强制力不足，导致公共交通引导城市空间布局的作用没有很好发挥出来，也严重影响了公交线网合理布设和场站用地保障。

二是政府主体责任有待进一步夯实。城市人民政府在公交优先发展方面的主导作用没有充分体现,有的城市还主要是依靠城市交通管理部门甚至公交企业来推动发展工作。部分城市未建立公交优先发展协调机制,或建立的协调机制未充分发挥作用,未能定期召开各部门协调会议,重点解决公交优先发展过程中的难点和问题,未能形成部门合力,造成整体推进困难或滞后。城市人民政府未能建成公共交通优先发展的长效机制,存在相关领导变动,城市公共交通发展动力就减弱的情况。

三是公交优先保障政策有待进一步落实。城市公交场站建设用地优先保障政策滞后,公交场站规划未能纳入城市总体规划、控制性详细规划、年度土地保障计划的问题还比较突出,部分城市场站建设滞后。城市公交资金投入不足,导致城市公交场站建设、车辆购置等基础设施建设缓慢。城市公共交通财政补贴、补偿机制不完善,政府购买城市公共交通服务机制尚未有效建成。公交路权优先理念落实不到位,公交专用道建设滞后且未形成网络,已建成的公交专用道监管力度不足,整体服务水平不高。

四是便民利民服务举措有待进一步落地。部分综合客运枢纽建设还是各交通方式单独设计和建设,乘客换乘距离长、换乘过程不便捷、标志引导不清晰的问题仍然存在。大部分城市慢行出行体验不佳,机动车停车挤占、吞食慢行空间等问题较为突出,道路设计上非机动车与人行道存在人非共板情况,无障碍环境建设不足。个别城市公交车辆线路运营信息缺失,对公众查询出行信息造成不便。

五是智能化发展能力有待进一步提升。部分城市尚未实现城市公交基础数据、业务环节、监督管理、决策支持等方面的统筹设计和建设,影响城市公交智能化系统应用水平和运营效率。城市公交出行数据采集利用效率不高,不能为多样化、多层次、高质量的服务创新提供支持。城市公交出行信息服务能力不足,出行信息条块分割严重、共享融合机制不强。

六是可持续发展能力有待进一步增强。公交企业普遍经营比较困难,改善服务动力不足,职工尤其是驾驶员待遇低,队伍不稳定;大部分企业的历史包袱仍然比较重,随着时间的推移,债务的雪球会越滚越大,这些都是潜在风险。

第三节　我国城市公交行业面临的挑战

近年来，我国城市公交企业普遍面临的问题是公交企业运营刚性成本持续上涨，而公交企业主营业务收入持续下降，导致运营亏损持续扩大，在各级财政补贴资金不能及时、足额到位的情况下，大部分城市公交企业只能依赖银行贷款维持正常运转，导致公交企业财务状况进一步恶化、负债率大幅提高。运营成本、主营业务收入的剪刀差及补贴资金的不到位，使我国公交企业陷入了发展困境。

一、公交企业运营成本刚性上涨

根据公交运营服务特点，我国城市公交企业运营成本中比例最大的为人力成本，占比约为50%~60%，其次为能耗成本，占比约为15%~25%，这种成本结构导致即使运营范围和服务水平保持不变，公交企业运营成本规模也将持续上升，年均增长幅度主要由人力成本决定。

首先，从我国城镇就业人员平均工资变化情况来看。2015年以来，我国城镇就业人员平均工资平稳增长。2020年全国城镇非私营单位就业人员年平均工资为97379元，比2019年增长7.6%，增速比2019年回落2.2个百分点，扣除价格因素实际增长5.2%；城镇私营单位就业人员年平均工资为57727元，比2019年增长7.7%，增速比2019年回落0.4个百分点，扣除价格因素实际增长5.3%。

其次，从我国城市公交亏损情况来看。以我国某省会城市公交企业为例，2015—2018年，企业运营成本由约31亿元增长到约37亿元，每人成本由4.1元增长到5.8元。我国东部地区公交企业人次亏损较高，一些样本城市人次亏损4~5元，中部和西部城市公交企业人次亏损相对较低，也达到了1~3元，乘客负担的票价占运营成本的比例在22%~42%，见图1-5。

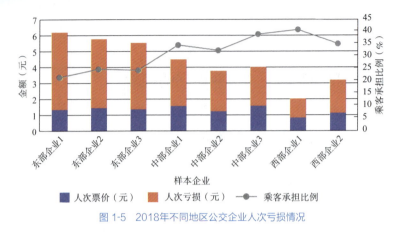

图 1-5 2018年不同地区公交企业人次亏损情况

根据2020年交通运输部发布的数据，全国城市公交运营线路长度、线路条数仍然处于增量发展阶段，城市居民对城市公交基本公共服务的要求仍在加强，公交企业为更好满足市民的出行需求，需要不断新增和延长公交线路，这就导致运营成本会持续攀升。

二、公交客运量持续下降

受网约车、互联网租赁自行车等交通运输新业态的蓬勃发展以及轨道交通线路陆续开通的影响，全国公交客运量呈持续下降趋势。2014年我国城市公交客运量达到峰值781.9亿人次，此后持续下降，2019年为691.8亿人次，2020年受新冠肺炎疫情影响降至442.4亿人次。

根据交通运输部统计，2019年我国城市客运量为1279.17亿人次，其中公交客运量691.76亿人次，轨道交通客运量238.78亿人次，巡游出租汽车客运量347.89亿人次。同期，互联网租赁自行车订单超过170亿单，全国网约车订单超过730亿单。网约车、互联网租赁自行车、合乘与分时租赁等共享出行方式为城市居民出行提供了公交、轨道交通等传统公共出行方式之外的选择。

受新冠肺炎疫情影响，2020年城市客运量下降明显，根据交通运输部统计，2020年全年完成城市客运量871.92亿人次，比上年下降31.8%。分方式看，公交客运量442.36亿人次、运营里程302.79亿km，分别下降36.1%和

14.5%;轨道交通客运量175.90亿人次,下降26.3%;巡游出租汽车客运量253.27亿人次,下降27.2%;客运轮渡客运量0.39亿人次,下降47.1%。

近年来,我国城市轨道交通持续高速发展,行业规模稳步增长,设施设备配备逐步完善。截至2020年底,共有43个城市开通了226条城市轨道交通线路,总运营里程达到7354.7km。2010—2020年我国城市轨道交通运营里程变化情况见图1-6。

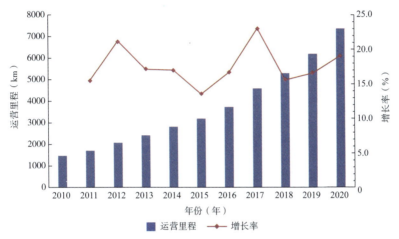

图1-6 2010—2020年我国城市轨道交通运营里程变化情况

城市轨道交通线网网络化进程持续加快,截至2020年底,我国已有18个城市步入或基本步入轨道交通网络化运营。其中,北京、上海、广州和深圳的轨道交通出行已占据主体地位,具体情况见表1-1。

北京、上海、广州、深圳城市轨道交通发展情况比较　　　表1-1

城　　市	运营里程(km)	运营线路条数(条)	客运量(万人次)
北京	726.6	24	121615.2
上海	729.2	18	160185.2
广州	553.2	16	134255.2
深圳	422.6	12	104219.4

公交客流结构变化,有效付费比例降低。近年来,各地陆续出台了公交换乘优惠以及老年人、退伍军人、残疾人等特殊群体免票政策,进一步凸显了城市公交服务的公益属性,然而优惠政策也导致公交客流结构出现

了显著变化，付全款（投币）的乘客比例持续下降，各类优惠乘车的乘客占比持续升高，导致公交企业票款收入进一步下降。某省会城市公交企业2017—2019年客流支付方式变化情况见图1-7。

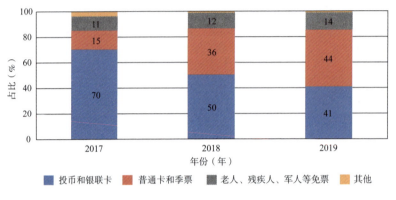

图1-7　某省会城市公交企业2017—2019年客流支付方式变化情况

三、公交票价调整缓慢

党的十八大报告指出："经济体制改革的核心问题是处理好政府和市场的关系，必须更加尊重市场规律，更好发挥政府作用。"这为我国深化经济体制改革指明了方向。2020年5月，中共中央、国务院印发了《关于新时代加快完善社会主义市场经济体制的意见》，提出"坚持正确处理政府和市场关系。坚持社会主义市场经济改革方向，更加尊重市场经济一般规律，最大限度减少政府对市场资源的直接配置和对微观经济活动的直接干预，充分发挥市场在资源配置中的决定性作用，更好发挥政府作用，有效弥补市场失灵。"这为新时期深化经济体制改革指明了目标任务。

凡是市场能配置资源的，就充分发挥市场的作用。市场是配置资源最有效的方式，价格是引导市场配置资源的有效杠杆。利用价格杠杆，通过市场竞争机制促进城市公共交通服务质量提高，促进城市公共交通管理日益精细化，从而为广大人民群众提供更加优质的城市公共交通服务。但城市公交服务具有公益属性，需要政府通过财政补贴保障人民群众以较低成本获得城市公交出行服务。从市场经济角度来看，城市公交票价受到运营成本的直接影响，票款收入至少应该不低于运营成本，才能够维持企业的正常运营，其侧重的目标是效率，即引入市场竞争机制，提高城市公交的运营效率，减少财政补贴。然而，市场无法保证社会公平及社会福利，政府必须承担社会管理和提供公共服务的责任，唯有以社会服务为主体，以市场行为为补充才能体现城市公交的社会作用。

1.城市公交票价持续多年不变

城市公交企业虽然是生产企业，但是因为行业具有公益属性，所以票价受到政府管制，我国很多城市已超过10年未调整公交票价。根据国家发展和改革委员会价格监测中心统计数据，2015年6月，我国36个大中城市公交一票制普票平均价格为1.21元，2020年12月，平均价格为1.33元，仅上涨0.12元；2015年6月，我国36个大中城市市区公交刷卡平均价格为1元，2020年12月，平均价格为1.08元，远低于CPI（消费者物价指数，Consumer Price Index）增幅。我国部分城市公交票制票价现状见表1-2。

我国部分城市公交票制票价现状　　　　　表1-2

城市	公交基础票价（未列IC卡折扣）	基础票价变动情况	基础票价与近年企业运营成本比较
北京	10km（含）内2元/人次，10km以上部分，每增加1元可乘坐5km	2014年至今	低于运营成本
上海	（1）市区：单一票价线路，空调车无论距离长短、季节一律2元/人次； （2）市区多级票价线路，2元/人次起价，1元晋级，费率为0.2~0.25元/km不等，票价较高的线路（超过20km）最高可达6~8元/人次； （3）郊区跨区线多级票价，普通车1元/人次起价，0.5元晋级，费率为0.12元/km；空调车翻倍，1元/人次起价，1元晋级	1999年至今	低于运营成本
深圳	起步价2元/人次，票价上限为空调车10元/人次、非空调车7元/人次	2007年至今	低于运营成本
广州	非空调车1元/人次，空调车2元/人次。部分开往市郊线路3元/人次或更高，部分实行分段收费	2004年至今	低于运营成本
郑州	一票制1元/人次	2010年至今	低于运营成本

城市公交低票价政策的实施使广大普通群众的出行成本大幅降低，城市公交出行分担率得到一定提高。但近年来，在公众对于低票价逐渐失去敏感性、小汽车使用成本过低、出行环境要求提高等因素共同影响下，单一的票价优惠政策已经很难有效吸引更多的人乘坐公交。

2. 城市公交票制结构相对单一

我国城市公交主要有单一票制和计程票制两种，无法满足多数乘客的个性化需求。单一票制，无法充分利用价格调节公众出行时间，引导公众理性出行，仅能依靠市民对拥堵的状况和各种交通方式的可获得性作出理性判断来计划出行，所能达到的调节效果有限，从而导致高峰时段出现交通拥堵。票制票价结构建设的原则应该是基于不同时段、不同区间、不同服务档次，调整票价，丰富票制，方便乘车，吸引乘客，根据乘客的不同出行需求，创新票制和优化票价，设置不同种类的车票。然而，我国票制结构的单一降低了公共交通的吸引力，无法最大限度地吸引客流，导致公共交通工具利用率不高。其他国家的票制结构相对多元化，如一票多乘制，加强城市公交与轨道交通的换乘优惠，设计一日票、三日票、周票、半月票、双人票、三人票和家庭票等票制，满足乘客的多样化出行需求，提高了公共交通工具的利用率。

票价是一种引导市场配置资源的有效杠杆，管制或者市场化过度都会产生相应的问题。票价降低，减少了居民的出行成本，会吸引更多的人选择公交出行，但是会增加政府财政投入；票价上涨，有利于减少公共财政压力，引导更为经济的出行需求，但是提高了中低收入者的出行成本。科学的票制票价首先不能使用绝对的低票价，而要使用相对的低票价；二是涨价还是降价与优先发展公共交通并无必然的联系，并不是涨价就不利于公交优先发展，降低票价就是优先发展公交，关键还是要看对比；三是实施超低票价政策会进一步加剧公共财政压力，不利于公共交通的结构性调整和整体发展。综上，低票价只是优先发展公交的一种手段，实际上，除了要在公交价格上进行引导外，更需要优化公交路网布局、加大公交路权保障、提高公交运营服务的覆盖范围、提升公交运营服务能力、完善配套政策制度体系等。

四、中央成品油价格补助减少

2015年5月，《财政部 工业和信息化部 交通运输部关于完善城市公交车成品油价格补助政策加快新能源汽车推广应用的通知》（财建〔2015〕159号）印发，调整城市公交车成品油价格补助政策，转为支持新能源公交车发展的专项运营补贴。文件规定"现行城市公交车成品油价格补助中的涨价补助以2013年作基数，逐年调整。2015—2019年，现行城市公交车成品油价格补助中的涨价补助以2013年实际执行数作为基数逐步递减，其中2015年减少15%、2016年减少30%、2017年减少40%、2018年减少50%、2019年减少60%，2020年以后根据城市公交车用能结构情况另行确定。"该文件的总体思路是统筹考虑各类城市公交车购置和运营成本，在对城市公交行业补助总体水平相对稳定的前提下，调整优化财政补助支出结构，平衡传统燃油公交车和新能源公交车的使用成本，逐步形成有利于城市公交行业节能减排和新能源汽车产业发展的政策环境。

中央成品油价格补助退坡后，转为按照车辆数核算的新能源运营补贴，公交企业从中央财政获取的补贴规模出现较大幅度下降，对应缺口只能由地方财政进行补贴，地方财政补贴压力进一步增大。

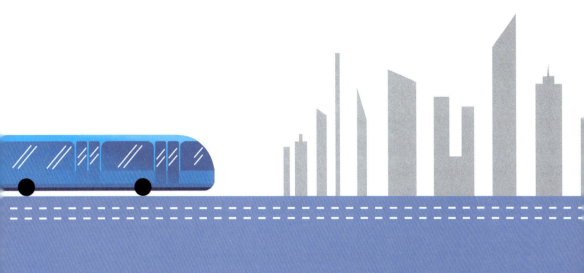

第二章

CHAPTER 2

城市公交运营财政补贴理论基础

第一节　公共品特性

最早提出公共品概念的美国经济学家保罗·萨缪尔森（Paul A.Samuelson），将公共品定义为：每个人对这种产品的消费，都不会导致其他人对这种产品消费的减少。公共品的概念相对于私人品，它所定义的对象不仅限于满足个人生存发展所需要的经济行为，而且将全社会作为一个整体去研究它的存续与发展，比如公共秩序、公共管理、公共资源、环境保护等。一般认为，公共品有以下五个特征：

一是非排他性。公共品的消费者在消费过程中，不能够独占消费行为所带来的收益。即使在技术上这种独占行为是可行的，但由于机会成本远远大于收益，因而不会采取这种行为。

二是非竞争性。公共品消费者的消费行为并不能够降低其他消费者的消费收益，因而公共品消费者之间的关系是非竞争性的。而从公共品供给的角度来看，在一定范围内，消费者数量增加的边际成本约等于零。

三是消费过程的不可分割性。公共品对于消费者的效用供给，并不会因为个体消费行为破坏收益的均等性。因为按照理性人假设，理性人追求个人利益最大化，维持他们对于一种共同收益产品的投资，必须满足个体之间投入与收益比例的均等。

四是公益性。公共品的供给是为了在一定范围内满足公民的基本利益，使大多数人处于收益状态。

五是外部性。公共品的消费者在消费过程中，其消费行为会对其他消费者以及外部环境等造成影响，这种影响或正或负。

满足以上五个特征的通常被称为纯公共品，而满足部分特征的被称为准公共品。在现实情况中，由政府统一供给的公共品并不总是维持边际成本为零，消费者数量超过范围之后就会造成系统负担过重，甚至使边际成本上升，而消费者的消费行为有时也会间接导致其他消费者受益的下降。同时，随着社会经济活动的日益丰富，人们对于公共品的认识也在逐渐深化和系统化。

第二节　城市公交行业的公共品属性

城市公交运营服务是一种典型的准公共品，应该由政府统一供给、统一管理、统一筹划。但是，由于消费主体对于公交线路选择、不同时段出行、出行距离远近等不同情况下做出的消费行为的数量并不均等，城市公交的消费在局部范围内也会产生一定的竞争性和排他性。可以认为，公共需求和供给这一对基本矛盾决定了城市公交是一种准公共品。而具体消费行为的差异性在一定程度上造成了竞争性、局部排他性，所以公共交通是一种具有拥挤性的准公共品。

城市公交在正常运力情况下，能够保证消费者之间在空间容纳、时间消耗、舒适程度等效用方面的均等性，并维系这种效用不会因为乘客数量的增加而产生明显降低。而一旦消费者数量超过了正常运力承受范围，超出范围新增加的消费者就会损害其他消费者的正常受益，造成个人空间的减少、封闭环境下气温的上升与空气质量的下降、因为上下车拥堵造成的时间浪费等。而从整体消费的角度，消费者数量的上升也会造成整车重量增加，进而对路基造成额外的损害。正因为这种超负荷消费的危害性，管理者会规定城市公交消费的可容纳范围，即规定了一定消费数量和消费时间。正是由于这种规定，造成了消费者之间实际上是存在竞争关系的。

城市公交运营企业既是生产企业又具有一定的公益性，具有鲜明的二重性。作为企业，其必须独立核算以维护企业正常运转；而作为基础设施，公交开辟线路、确定班次及运营时间必须满足群众需要，票价调整又须由政府控制。一些边远的小线路客流量少、亏损严重，一些新建小区在客流培育期内客流量少，但又不能关闭。此外，针对特殊群体，还需要有一定的补偿措施，例如学生月票享受半价、残疾人及老年人享受优待等公益服务。不同地区城市公交的公益性定位见图2-1。

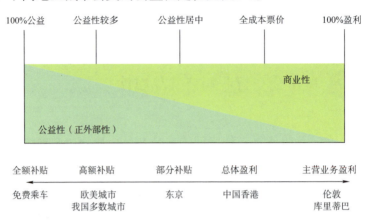

图 2-1　城市公交的公益性定位

外部性理论：外部性是指私人收益与社会收益、私人成本与社会成本不一致的现象。外部性可以理解为社会成员（包括组织和个人）从事经济活动时，成本与后果不完全由该行为人承担，即行为举动与行为后果的不一致性。在没有市场交换的情况下，一个行为主体的行动直接影响到另一个或另一些行为主体的福利时，则前者的行动对后者具有外部性。一般来说，外部性具有附带性和非目的性的特点。其中，"正外部性"是指某经济主体的经济行为对其他经济主体附带的好处，具有"不得不赠予"的特征；"负外部性"是指某经济主体的经济行为对其他经济主体外加的负担，具有"不得不转嫁"的特征。解决外部性的基本思路是外部性内部化，即通过制度安排，将经济主体的经济活动所产生的社会收益或社会成本转为私人收益或私人成本，使技术上的外部性转化为金钱上的外部性，在某种程度上强制实现原来并不存在的货币转让。其中最典型的办法是征税和补贴，即对产生负外部性的活动征收税赋，以抑制产生负外部性的经济活动；对产生正外部性的活动给予补贴，以激励产生正外部性的经济活动。

城市公交企业的生产运营具有明显的正外部性，其产品是一种典型的准公共产品。因此，政府为了实现公交服务正外部性内部化，从而保证公交服务的足量供给，对城市公交企业给予适当的财政补贴成为必然选择。

公共选择理论：由于城市公交的准公共品属性，政府在规划和管理过程中势必遇到消费者个人行为与政府公共行为的融合问题，这就涉及政府的公共选择行为。按照狭义的公共选择理论，在理性人假设前提下，政府组织者的施政行为并不总像人们想象的那样，充满公益性和正义性，而是首先谋取最大化的个人利益，不断扩大自己的预算，不断争取个人利益和组织利益最大化，而后才会去考虑公共利益。也正是这个原因，使得公共选择理论认为政府失败是普遍存在的。公共选择理论认为，正是由于政府失败的缺陷，所以应该打破政府的垄断地位，释放一定的政府职能，交予市场自行管理，通过建立私人竞争、公私竞争等，重塑政府与市场之间的关系。

由于城市公交具有鲜明的二重性，使得对于城市公交的市场准入分析不能够仅从公益性、公共品角度去分析，还需要将其作为一种商品去分析。

公共品的供需理论：城市公交服务作为一种商品，有着特殊的市场需求。这种需求来源于以低廉的个人成本获取便捷的城市交通出行。而作为竞争品存在的私人交通不受地点和时间的限制。如果说城市公交是以有限的公共空间容纳了更多的消费个体，那么私人交通则是少数消费个体占据更多的公共空间。理性人在做出具体消费行为时，总是依据自身的消费偏好来作出决定的。在私人交通和城市公交之间比较，理论上城市公交在出行目的、出行线路、同乘人数上具有相对优势，但我国的实际情况却并非如此。由于我国人均收入水平的不断提升，消费能力和消费层次总体上呈现双上升趋势，因而居民更倾向于选择时尚、个性的私人交通出行方式，以及通过这种方式来彰显自己的经济、社会地位。相对的，城市公交在线路设计与交通工具质量上也相对地成为了低劣品，即人们会随着收入的提高而降低对这种产品的需求。

第三节　经济学相关理论

一、利益相关者理论

利益相关者理论是当前西方经济学界和管理学界研究的一个热点理论。它是20世纪60年代左右，在美国、英国等长期奉行外部控制型公司治理模式的国家中，对主流企业理论的质疑和批判中逐步产生和发展起来的，缘于公司社会责任之争。利益相关者作为一个概念被明确地定义是在1963年，斯坦福大学研究小组利用"利益相关者"表示与企业有密切关系的所有人，认为利益相关者是指那些没有其支持，组织就无法生存的团队。

1984年，爱德华·弗里曼（R.Edward Freeman）明确提出了利益相关者管理理论。该理论认为任何一个企业的发展都离不开各利益相关者的投入或参与。企业追求的是利益相关者的整体利益，而不仅仅是某些主体的利益。这些利益相关者包括企业的股东、债权人、雇员、消费者、供应商等交易伙伴，也包括政府部门、本地居民、本地社区、媒体、环保主义等压力集团，甚至包括自然环境、人类后代等受到企业经营活动直接或间接影响的客体。简单地理解，利益相关者就是指与企业生产经营行为和后果具有利害关系的群体或个人。对企业而言，其利益相关者一般可以分为三类：资本市场利益相关者、产品市场利益相关者和组织中的利益相关者。每个利益相关者群体都希望组织在制定战略决策时能优先考虑他们，以便实现他们的既定目标，但这些利益主体的相关利益及所关注的焦点存在很大的差别，且往往互有矛盾。公司不得不根据对利益相关者的依赖程度作出权衡，优先考虑某类利益相关者。利益相关者价值观强调企业责任高于企业收益，将企业视作各相关者的联合体，所以企业必须为所有的利益相关者服务。为使社会期望与企业行为达成一致，最直接的方式是政府管制或社会调控。然而，各经济利益主体在追求自身经济利益的过程中要受到其他经济利益主体的制约，不能无限度地任意扩展而侵犯其他经济利益主体的利益，否则合约所约定的条款就会遭到破坏，企业就会重新组合，签订新的合约，从而形成一个新的经济利益主体。

  城市公交系统的主要参与者包括公交企业、政府和公交乘客，三者是公交系统最直接的利益相关者。根据利益相关者理论，城市公交系统的运营必须同时兼顾公交企业、政府和公交乘客三者的利益。从乘客的角度来看，其追求的是可接受的服务质量、可承受的票价水平；从公交企业的角度来看，其追求的主要是企业利润最大化；从政府的角度来看，其追求的主要是社会福利最大化，同时还要考虑自身财政压力的可承受性。三者之间存在利益的博弈。公交企业从事公交运营时所产生的利益可分为"可计量利益"和"非计量利益"。其中，"可计量利益"是公交企业的行为目标，表现为运营收入与成本费用之间的差额，而"非计量利益"是公交企业在生产运营的同时，所产生的难以界定和计量的对其他相关利益者（主要是公交乘客）的经济利益。对于理性的公交企业来说，在没有建立有效的使得"非计量利益"转变为"可计量利益"的公交服务交易市场或提供有效补偿的前提下，其必将根据"可计量利益"即企业利润最大化的原则组织公交生产运营，不会自动地将提供最优的"非计量利益"（即乘客等其他相关利益者的利益）作为经营的目标。对于公益性的公交服务来说，政府从社会福利最大化的目标出发，通过政府规制对城市公交企业的运营进行干预，以确保公交服务公益性的体现。公交行业政府规制的主要方式有价格规制、进入规制和质量规制，三者紧密结合，强制公交企业在不惜牺牲自身经济利益的情况下，保证廉价公交服务的有效供给，而最直接的受益者是公交乘客。

  然而，由利益相关者理论可知，政府在追求社会福利最大化、实现乘客利益的同时，不能一味地侵犯公交企业的利益，否则将导致公交企业运营困难甚至倒闭。因此，政府必须通过一定手段弥补公交企业的利益损失。而公交财政补贴的重要意义在于实现公交服务"正外部性的内部化",将公交企业的"非计量利益"转化为"可计量利益",以解决因公交正外部性而产生的市场失灵问题,从而使作为利益相关者联合体的城市公交系统能够朝着健康、可持续的方向发展。

二、可竞争市场理论

可竞争市场理论(The Theory of Contestable Markets),又叫可竞争性理论(Contestability Theory),形成于20世纪70年代末80年代初,是美国著名经济学家威廉J.鲍莫尔(Willam J.Baumol)以及约翰 C.潘萨尔(John C.Panzar)、罗伯特D.维利希(Robert D.Willig)等人在芝加哥学派产业组织理论的基础上提出来的。该理论在价格理论、产业组织理论等方面都提出了极具创新意义的见解,在西方学术界引起了较大的反响,并对政府规制体制改革产生了较大影响。

可竞争市场理论认为,如果一个产业的进入门槛足够低,即该产业存在许多潜在的进入者,那么不管市场是一家垄断还是多家竞争,潜在进入者带来的压力照样可以使在位者主动降低成本,消除市场的利润空间,使自身保持低价并实现有效率生产,从而防止潜在的竞争对手进入市场。所谓"可竞争市场"是指来自潜在进入者的压力,对现有厂商的行为施加了很强的约束的那些市场。在这一市场上,不存在严重的进入障碍。因此,只要有良好的进入和退出机制,使市场在位者保持足够的竞争压力,那么即便是属于垄断产业,在位企业也会采取竞争行为,避免生产效率和配置效率的损失,从而可以达到与自由竞争市场一样的高效率。因此,垄断的市场结构并不必然地消灭竞争,并没排斥竞争机制的作用。而且,可竞争市场理论并不认为无约束的市场能自动解决一切经济问题,也不认为所有的规制都是不应该的。在判断一个特定部门的规制是否合理之前,应该分析该部门是否受进入机制的保护以及该部门的可竞争性。可竞争市场理论认为,规制应以促进可竞争性为原则,规制的重心应放在消除妨碍可竞争性、损害经济效率的各种进入障碍方面。

竞争机制和政府规制作为提高垄断企业生产效率和分配效率的两种方式，广泛应用于西方发达国家的自然垄断产业改革和发展中。我国城市公交一直被认为因自身巨大的规模经济效应和沉淀成本而具有自然垄断性的特征，而垄断往往意味着低效。为了弥补公交行业的垄断低效，在对公交行业进行政府规制的同时引入竞争机制是一种切实可行的制度安排。

三、委托-代理理论

阿道夫A.伯利（Adolf A.Berle）和加德纳C.米恩斯（Gardiner C.Means）于1932年提出了经典的委托-代理理论。该理论的中心任务就是研究在利益相冲突和信息不对称的环境下，委托人如何设计最优契约，以激励代理人实现效用最大化。委托人和代理人之间存在两个冲突：一是委托人和代理人之间利益不一致；二是委托人和代理人之间信息不对称。一方面，在委托-代理理论中，假定委托人和代理人都是经济人，目标都是实现自身利益最大化。由于利益的冲突，代理人便可能谋取自己的利益，即产生代理问题。另一方面，代理人拥有私人信息，在信息占有上处于优势，而委托人在信息占有上处于劣势。在委托-代理关系中，委托人并不能直接观测到代理人的努力程度，而代理人则可利用自己拥有的信息优势，谋取自身效用最大化，从而产生代理问题。

城市公交体系中包括四个利益相关者，分别为政府、公交企业、公交服务从业人员、乘客，由此引申出三个层次的委托-代理关系，即政府-公交企业、公交企业-公交服务从业人员、政府-乘客，这里主要分析政府-公交企业的委托-代理关系。

在政府-公交企业的委托-代理关系中，作为代理人的公交企业是公交服务的实际提供者，掌握公交日常运营的成本信息与生产情况，在这对关系中处于信息优势的一方；作为委托人的政府是公交行业的监管部门，工作职责更多的在于对公交行业的监管与维护，极少参与公交企业的日常运营，无法得到准确的成本信息与真实的生产情况，在这对关系中处于信息劣势的一方。对于公交企业来说,自身作为一个独立的营业单位,提供的服务除了体现政府要求的公益性外,还表现出一定的效益性。公交企业的行为更多的是想通过不断地降低营运成本来实现自身收益的最大化,而不是全心全意地实现政府要求。城市公交体系中政府-公交企业的委托-代理关系可以用图2-2表示。

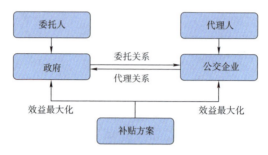

图 2-2 政府与公交企业的委托-代理关系

第四节 财政学相关理论

一、规制理论

1. 规制的内涵

"规制"一词出自英文"Regulatory Constraint"或"Regulation"。学者们对规制的理解不尽一致。比如,乔治J.施蒂格勒(George J.Stigler)将"规制"定义为"其作为一种规则,本身为了迎合某个特殊利益群体的需求并满足其利益而制定和推行的。"日本学者金泽良雄认为"规制是在以市场机制为基础的经济体制条件下,以改善、矫正市场机制的内部问题为目的,政府干涉或干预经济主体活动的行为。"罗杰G.诺尔(Roger G.Noll)、保罗L.乔斯科(Paul L.Joskow)从整体上总结了竞争、非竞争产业中的进入规制、价格规制和对产品质量、健康、就业、环境和安全等方面的规制措施,特别指出官僚经济学说以及规制立法的重要意义。

2.规制的划分

不同标准下,规制形式的区分也不尽相同,罗伯特D.托利森(Robert D.Tollison)以及托马斯D.霍普金斯(Thomas D.Hopkins)等知名学者从经济维度、社会维度和程序维度三个方面对规制进行区分。基于政府管制的对象不同,学者丹尼尔F.施普尔伯(Daniel F.Spulber)同样将规制区分为三种形式:一是直接对市场调配资源的过程和形式进行规制,包括价格限制政策、产业调控政策以及和经济契约相关的法律法规等;二是在消费者的购买过程中施加影响力,影响市场运行的方式;三是在生产者的生产过程中施加影响力,进一步影响市场运行的方式。除此之外,王健等学者进一步提炼和补充了另外一种规制方式——"行政规制",主要是对政府部门等规制设计主体和执行主体的规制。日本学者植草益把针对个人等经济活动主体,并由立法机构、司法部门和行政部门等实施的法律、法规和政策叫作"公共规制"。植草益又将公共规制具体细分成两种类型:直接性规制和间接性规制。其中,直接性规制又能进一步细分为"社会性规制形式"和"经济性规制形式"。前者专指政府对生产方面和交易方面的健康问题、环境保护问题、质量问题、信息公开问题等实施监管和约束,进而平衡各个社会群体的利益,增进市场运行的效率,维护社会公平与稳定,提升社会福利;后者指的是基于法律法规,政府对市场活动中的生产者和消费者等活动主体的运营资质进行限制,对运营过程进行规范,例如规范生产者提供的商品质量、规范生产者和消费者在交易时的交易条件(包括信息公开、签订契约等方面),进而避免不公平竞争行为,降低市场失灵的风险,维护市场秩序,提升市场运行的效率。

3.规制俘虏理论

在古典经济学领域,政府往往是为了维持市场有效运行、维护大部分市场参与者的共同利益才会制定、出台一系列的政策、法规等规制措施。然而,学者乔治J.施蒂格勒在大量的调研和计量研究基础上发现,各国政府对自然垄断行业的规制,往往能够使行业中的生产厂商谋求更多的利润和利益。政府出台的相关政策、制度本质上是该行业中的某个利益群体

（生产厂商等）用金钱、实物从政府手中购买来的。因为缺乏充足的理论依据，该理论仅仅被其他学者看作一种假设。1971年，乔治J.施蒂格勒在之前研究的基础上，又提出了"经济管制理论"，通过标准的研究范式研究法律、法规和政策等规制形式产生和应用的过程。其他学者在后续研究中，基于施蒂格勒理论假设，从多种视角先后构建了不同的理论框架和研究模型，用这些模型来探讨在现实中什么行业会被政府管制，以及政府可能会采取何种管制手段或措施。这些后续的研究很大程度上补充和丰富了乔治J.施蒂格勒的相关观点。其中，最具代表性的为"佩尔兹曼理论模型"。

萨姆·佩尔兹曼（Sam Peltzman）在理论模型中提出了三个研究前提：

（1）财富分配方式决定规制方式，并通过规制立法的形式表现。

（2）因为规制者为了获取政治支持等私人利益，在制定规制政策时会使个人利益最大化。

（3）利益集团为了谋求产业有利的规制政策或法规，会向规制者提供政治支持等利益。佩尔兹曼在模型中将社会团体区分为小集团和大集团。比如，生产者属于小集团，消费者属于大集团。在大集团中，因为单独的个体数量巨大，其所受的损失往往表现得并不明显。因此，大集团的利益主体（个体）往往没有动力通过政治捐款、政治支持等行为贿赂规制者以获取政策福利，所以大集团对政策、立法等规制行为的影响就比较小。与大集团不同，小集团的单独个体数量远远少于大集团，"搭便车"的行为比较少，容易组织。比如生产厂商们往往会成立一些行业协会等，方便为政府政策、立法规制者提供政治捐款或政治支持。基于以上分析，佩尔兹曼认为，政府部门等规制设计者在制定和实施相关的法律法规或政策时，更倾向于保护生产厂商等小群体的利益，而忽视甚至牺牲广大的消费者等大群体的利益。

4.公交成本规制

目前，成本规制主要应用于公共交通运营成本研究层面。在成本规制理论中，有三组概念需要辨析：

成本规制与规制成本。城市公交成本规制是指政府相关部门通过建立科学、合理的公交单位运输成本标准，通过该标准界定公交行业各项运营成本的范围，并以实际成本与界定成本的比较结果来测算财政补贴、政府科学定价或调价的政策。规制成本是指政府依托自身的强制性来制定一项政策时所需要花费的成本，主要包括调研成本、研究成本、制定成本。

成本规制与成本审计。成本审计是指政府部门自身或指定某一社会组织、团体，依据相关法律法规对某垄断企业（如城市公交企业）报表中成本项目的真实性、完整性做出公允的职业判断，为政府决策提供支持。成本审计和成本规制属于不同的程序，两者的操作有先后顺序差异。

政策性亏损与经营性亏损。政策性亏损是指政府为实现既定的社会公益目标，要求公交企业在保质保量地提供公共服务的前提下，长期保持低价运营所造成的公交企业亏损。经营性亏损是指企业因为经营管理不善造成的亏损，其原因可能是企业经营效率低下、服务质量难以吸引乘客、出现意外情况、出现决策失误等。

二、财政补贴相关理论

1.财政补贴的概念

作为一种转移性支出，财政补贴支出同社会保险支出有很多相似性。从政府角度看，无论是以补贴形式还是以社会保险形式拨付支出，都不能换回任何东西，支付都是无偿的。从领取补贴者角度看，无论以什么名目得到政府的补贴，都意味着实际收入的增加，因而经济状况都较以前有所改善。然而，这两类转移性支出被冠以不同的名称，其差别主要体现在与相对价格体系的关系上。财政补贴总是与相对价格的变动联系在一起，或者是补贴引起价格变动，或者是价格变动导致财政补贴。因为有这种联系，很多人索性就把财政补贴称为价格补贴。社会保险支出则与产品和服务的价格没有直接联系。固然人们获得保险收入后可能用于购买行为，还可能使购买商品的价格发生变化，但这种影响既不确定，又是间接的。因为与相对价格结构有直接关联，财政补贴便具有改变资源配置结构、供给结构与需求结构的影响，而社会保险支出则很少有这种影响。根据上述分析，从理论研究的角度，可以把财政补贴定义为一种影响相对价格结构，从而可以改变资源配置结构、供给结构和需求结构的政府无偿支出。

WTO（世界贸易组织，World Trade Organization）为了维护世界贸易中非歧视、自由透明和公平竞争的秩序，专门制定了《补贴与反补贴措施协议》（SCM Agreement，Agreement on Subsidies and Countervailing Measures）。该协议对财政补贴的定义是：一成员政府或任何公共机构向某一企业或某一产业提供财政补助或对价格、收入的支持，结果直接或间接增加从其领土输出某种产品或减少向其领土内输入某种产品，或者因此对其他成员利益造成损害的政府性行为或措施，是一种促进出口、限制进口的国际贸易手段。很显然，这种定义是区别于财政理论补贴定义的，是对经济行为的一种定义。

2. 财政补贴的特征

财政补贴具有以下特征：

（1）补贴是一种政府行为，也包括政府干预的私人机构的补贴行为。

（2）补贴的对象主要是国内生产与销售企业，但不一定仅指出口补贴，包括对国内各产业部门、行业、企业或地区、科研部门的财政补助。

（3）补贴的方式可以是多种多样的，既可以通过行政行为，也可以通过立法方式，既可以是金钱货物的直接给付，也可以通过免税、优惠贷款等间接渠道，既可以是现金的支付，也可以是货物的转移。

（4）补贴的结果是利益的得失，对补贴方而言，表现为授予受补贴方某种利益，对受补贴方而言，则表现为从收入、成本或税额的增减中产生利益。

（5）补贴的根本目的是增强有关产品在国内外市场上的竞争力。

（6）补贴应具有专项性，根据《补贴与反补贴措施协议》第2条的规定，专向性补贴是指成员方政府有选择地、有差别地而非普遍性地向某一个企业、产业或者一组企业、产业提供的补贴。

三、公共交通亏损与财政补贴

1. 财政补贴

财政补贴是指国家为了实现特定的政治、经济和社会目标，在一定时期内向生产者或消费者提供一定的补助或津贴。其实质是政府将一部分纳税人的钱转移给另一部分人去无偿使用，是对经济利益的一种再分配。它是国家财政通过对分配的干预，协调社会经济生活、调节国民经济运行的一个重要的经济杠杆。由于其不要求接受者支付对等的代价，因此和社会保障支出一样，属于财政转移性支出的范畴。从政府的角度看，这种支出是无偿的；从领取者的角度看，这意味着自身实际收入的增加和经济状况的改善。

财政补贴在一定时期内适当运用有益于协调政治、经济和社会中出现的利益矛盾，起到稳定物价、保护生产经营者和消费者的利益、维护社会安定、促进有计划商品经济发展的积极作用。但是，价格补贴范围过广、项目过多，也会带来弊端，它会使价格关系扭曲，掩盖各类商品之间的真实比价关系；加剧财政困难，削弱国家的宏观调控能力；给以按劳分配为原则的工资制度改革带来不利影响；不利于控制消费、减少浪费、提高经济效益。

城市公交企业亏损补贴，是指国家财政在企业发生政策性亏损等情况时，为了维持企业生存和正常经营而给予的财政补贴。国家财政原则上只对企业的政策性亏损给予补贴，这种补贴可以理解为政府为了维持某种产品或劳务的低价供给或者弥补国家政策给企业造成的损失而支付的对价❶。而对于企业的经营性亏损，原则上应由企业自己承担，国家财政不承担补偿的责任。

城市公交企业生产经营过程中，由于执行低票价政策、承担社会福利以及完成政府指令性任务等原因而最终造成的亏损现象，属于企业政策性亏损的范畴。因此，国家为了维持公交企业的生存和正常经营，应给予一

---

❶ 指一方为换取另一方做某事的承诺而向另一方支付的金钱代价或得到该种承诺的代价。

定的企业亏损补贴。

2.公共交通补贴理论研究

公共交通补贴机制的研究,主要集中在公共交通比较发达的国家。其中,对我国公交补贴机制比较有参考价值的研究有以下几种。

英国的斯蒂芬·格莱斯特（Stephen Glaister）和戴维斯·刘易斯（Davis Lewis）（1978）对伦敦公共交通补贴的研究。人们普遍认为政府对公共交通补贴能降低公交票价,从而鼓励人们使用公共交通。为了验证这个观点,并测算伦敦市公共交通的补贴额,斯蒂芬·格莱斯特和戴维斯·刘易斯建立了一个定量模型,并以伦敦市为例,计算得到每年的公共交通补贴不该超过1.5亿英镑。结果表明当时伦敦市公共交通补贴水平是合理的。

美国的弗朗西斯P.马尔维（Francis P. Mulvey）（1979）对美国城际铁路旅客运输业补贴的研究。弗朗西斯P.马尔维从安全、节约能源、缓解交通和环境保护方面对铁路客运效益进行了分析,最后通过成本-效益分析,认为铁路客运系统对美国国家交通的贡献不大,没有补贴的必要。

英国的加文·史密斯（Gavin Smith）（1985）将男女平等、生活、工作和交际引入伦敦传统城市交通规划,更加注重连续的公交专用道、免费或者低价的公共交通和步行街的规划,从而降低交通噪声、交通拥堵和交通事故。加文·史密斯认为中央政府关于降低公共交通补贴、为私人交通修建道路的政策违背了这种规划思路,不利于解决城市交通问题。

英国的P.H.布莱（P.H.Bly）和R.H.奥德菲尔德（R.H.Oldfield）（1986）用16个国家100多个城市从1965—1982年的数据来分析公共交通补贴和公交票价、服务、客运量、每单位成本及每个公交员工工资之间的关系。统计数据表明每年公共交通补贴额的变化与公共交通运营高度相关。公共交通补贴降低了公交费率,同时也增加了公共交通的客运量,提高了公共交通的服务水平,每增加1%补贴可能增加0.2%~0.4%的客运量。但是,P.H.布莱和R.H.奥德菲尔德同时认为补贴将导致生产成本上升,生产效率下降,将近一半的补贴被白白浪费。

随后，P.H.布莱认为在过去的20多年里，公共交通越来越强调它的社会效益，并且受到外部机构的直接干涉和财政政策的影响。公共交通已经很难跟社会目标区分开来，而公共交通经营者既要考虑社会效益又要考虑自身的经济效益。他还研究了公共交通政策的影响范围以及在增加补贴的情况下保证公共交通最大效益和效力的关键技术，并给出了一些具体的政策建议。

加拿大的迈克尔W.罗斯洛（Michael W.Roschlau）（1989）研究了东南亚公共交通的政策和前景。大量研究表明东南亚城市公共交通大多数为私人经营，对公共资源的需求很少，而且提供非常高质量的公交服务。相反，通过对比研究表明很多西方国家给予公共交通大量补贴是出于政治目的，旨在树立西方国家"福利优异"的形象。为此，在制定公共交通政策的时候要避免受这些因素的影响。

随着欧洲和北美城市的不断郊区化，为城市提供一个完整的公共交通服务变得越来越困难，柏林·勃兰登堡区域公共交通一体化机构（VBB）提供了一个实际解决方法。德国的约翰·普切尔（John Pucher）和斯特凡·库尔特（Stenfan Kurth）（1996）分析了该机构在吸引更多的人乘坐公共交通、保持公共交通出行比例等方面的成功之处，同时还分析了该机构之所以能在拓展服务、提高服务质量、降低票价和开拓市场方面取得成功的原因。公共交通服务质量的提高和票价结构调整需要当地政府坚持不懈的财政支持。在欧洲和北美每个政府财政紧张时将导致财政补贴的缩减，二人在如何用最少的财政补贴，最大限度地提高公共交通效率方面提供了经验。其观点明确要成立第三方机构，独立运算、分配金额及补贴，用线路长度和每车运营里程来计算补贴额。

澳大利亚的彼得·蒂萨托（Peter Tisato）（1998）研究了公共交通服务的不可靠度和公交最优补贴水平之间的关系。服务的不可靠度将直接影响使用者的成本，而使用者的成本是最优公共交通补贴的决定性因素。研究表明公交服务的不可靠度对补贴有明显影响，这种影响在使用者行为是随机发生的时候比较小，但是当用logit模型（评定模型）来预测消费者对两种方式的选择时有很大影响。

希腊的马特G.卡拉夫提斯（Matthew G. Karlaftis）和美国的帕特里克·麦卡锡（Patrick McCarthy）（1998），总结了前人关于公共交通补贴效果评价的研究。在前人经验研究的基础上，利用当地、州以及联邦政府的数据，对公共交通补贴的效果做了全面分析。结果表明补贴对提升公共交通服务质量的效果并不明显。另外，通过仿真分析表明，在补贴总额不变的情况下重新分配补贴对公共交通水平的提高有一定的作用。这个发现对公共交通补贴政策的制定很有参考价值。

挪威的尼尔斯·费恩利（Nils Fearnley）、约恩-泰耶·贝肯（Jon-Terje Bekken）、博德·诺尔海姆（Bard Norheim）（2004），做了基于服务质量合同的城际铁路客运补贴的研究，建立了服务质量评价模型，在此基础上设计了运营者可能提供的公共交通服务，并通过政府部门和企业签订服务质量合同来计算城际铁路客运的补贴额。2003年，挪威铁路公司与交通和通信部签订了合同。

3. 公共交通亏损

城市公共交通企业亏损可分为两种情况：一是经营性亏损，二是政策性亏损。

经营性亏损是由于企业经营管理不善，如制度不健全、核算不严格、管理混乱、监督不力、财经纪律松弛等原因造成的，这与企业的主观努力程度有关。经营性亏损理应由企业来承担。

政策性亏损是在国家批准的计划内，企业某些产品或服务因销售价格低于实际成本等政策性因素造成的亏损。需要强调的是，企业亏损应是由于企业内部或外部原因导致的暂时性经营困难，而不应是企业为了逃税、避税而粉饰报表造成的亏损状态假象。一般这些政策包括低票价或公益性免票（老年人、残疾人、军人免费乘车）等。政策性亏损理应由政府来承担。

4. 公共交通补贴

（1）对公共交通生产者的补贴。

对公共交通生产者的补贴包括两种形式：一种是总额补贴模式，另一种是要素补贴模式。

总额补贴模式,即对生产者的总额补贴就是根据企业申报的上年财务决算和本年度运营计划确定补贴额,简单地讲,就是"亏多少补多少",而在财政能力较差的城市,则是"能补多少补多少"。这种补贴方式形式单一、计算简单,但是一种效率很低的补贴形式,难以区分政策性亏损和经营性亏损,从而导致企业降低成本和提高收入的积极性降低。

无论是从经济性的角度还是从公平性的角度,公交企业的政策性亏损都应该由政府来承担,而经营性亏损则应由企业自己承担。现实中的问题是,即便政府有一套很严格的补贴核算机制和监督评价机制,也很难将政策性亏损和经营性亏损这两者严格区分,因为企业的"偷懒行为"是很难监督的。

基于总额补贴的本质缺陷,很多城市都采用了另外一些更加"明智"的补贴方式,即提高公交企业的生产积极性,减少政府的财政压力。这些补贴方式主要有车公里补贴、人公里补贴、固定基数补贴等。

车公里补贴就是按运营里程和运营车辆数的综合水平确定补贴额。这种补贴方式在一定程度上考虑了公交企业的生产量,但可能导致公交企业单纯追求行车里程,而忽视了服务质量和客运量。

人公里补贴就是按运营里程和客运量的综合水平确定补贴额。与车公里补贴方式相比,这种方式的主要目的是消除企业的运营部门单纯追求行驶公里数而忽视客运量的服务弊端。企业为提高人公里数(客运量)会注重服务质量以吸引更多的乘客,使补贴发挥积极作用。但人公里补贴方式同样有缺点,公交企业可能会忽视冷僻线路,有损公益性。

固定基数补贴,就是固定补贴额度,几年内不变,亏损额增加但补贴不追加,亏损额减少但补贴不退缴。由于缺乏制定补贴基数的科学依据,政府往往只能依据运营企业前几年的收入和亏损额来确定补贴额度。当需要重新制定补贴标准时,往往出现公交企业和政府相互讨价还价的情况。

要素补贴模式,即对生产者的要素补贴,是针对生产者总成本中的某几项进行专项补贴,而其他成本则由企业自行承担。公交行业中最为常见的对生产者的要素补贴便是燃油补贴、车辆购置补贴和基础设施建设投资。与总额补贴相比,这种要素补贴更有针对性,补贴资金的使用效率更高。以燃油补贴为例,政府需要先制定一个较为合理的单车标准耗油量和标准油价,单车耗油量可以根据公交车车型的具体技术经济标准制定,而标准油价可以根据公交企业历史情况,或者国内外一些没有公交补贴城市的公交车单车成本结构制定。

标准油价的作用就是在油价未超过标准价格时,公交企业不需要补贴。如果油价波动幅度过大,带动公交企业的成本过快上涨,政府就需要及时地提供补贴以弥补亏损,保证公交企业的正常运行。但是补贴的额度,应该只限于因油价上涨而导致的亏损,该亏损额度可以根据现实的油价和标准油价的差额再乘以单车标准耗油量计算。由于公交企业管理不善造成的单车耗油量增加所导致的亏损,则应该由企业自身承担。这样既可以及时消除油价过快增长导致的对城市公交行业的负面影响,也可以保持对公交企业的经营压力,迫使其承担本应自己承担的亏损。

显然,在要素补贴中,也要涉及具体补贴金额(标准)的计算,虽然这种计算不可能达到绝对准确,但是与总额补贴相比,要素补贴的核算标准更加容易、更加简单、更加有理可依。除了燃油补贴,公交企业的其他成本项目,也可以有针对性地进行要素补贴,但是补贴过程仍然要遵循上述燃油补贴的原则:既要消除成本波动带来的负面因素,又要保证公交企业承担经营性亏损。

实施要素补贴要坚持两个原则:第一是政府要防止企业经营成本波动过大,第二是政府要为企业承担部分亏损以体现城市公交的公益性。所以,在对生产者的要素进行补贴时,应该注意避免直接的资金转移支付。

首先,可以采取政府完全替企业买单的方式,将一部分成本从企业的经营中完全去除。例如场站的建设、财政贴息等。由于基础设施建设投资过大,公交企业自身难以承受,所以可以由政府出资兴建,建成后转移给企业使用,企业完全不必承担基础设施建设的成本。当企业急需现金流时,可以从银行享受政府贴息贷款,政府支付全部利息。或者,企业也可以从政府指定的供应商，以优惠的价格购买某种生产资料，优惠部分由政府承担。例如公交企业可以在特定的加油站享受优惠的油价，或者由特定的供应商提供价格优惠的车辆，具体的优惠幅度由政府确定。这样补贴资金跳过了企业，直接被上级供应商接收，避免了在企业内部的无谓消耗。

另外，在选择要进行补贴的成本要素时，应该更有针对性。就公交企业而言，应选择燃油、车辆购置等占总成本比例较大，且价格波动较为剧烈的生产要素进行财政补贴，防止此类要素价格变动过于剧烈影响整个城市公交行业的正常运转。而人力支出、车辆折旧这些可以体现企业经营效率的成本项目，则应该由企业自己承担，以促使企业主动提高经营效率。

（2）对公共交通消费者的补贴。

对公共交通消费者的补贴包括两种形式，一种是总额补贴模式，另一种是要素补贴模式。

总额补贴模式，即对消费者的总额补贴，是直接的财政转移支付，将补贴以货币的形式直接交付消费者使用。总额补贴增加了消费者的收入，但是由于数额较小，短期内消费者的消费-储蓄倾向、消费习惯和出行习惯仍然会保持不变。消费者会根据效用最大化原则选择储蓄比例、消费种类和金额、出行方式等。补贴在这个过程中会被转移到储蓄或其他消费上，将产生较大损失。

对消费者的总额补贴虽然效果极差，但是在平时的生活中却并不少见。例如很多人的工资中就有一项"交通费"，每月和工资一起以现金的形式发放。这笔费用名为"交通费"，但是实质上只是收入的一部分，对消费者的消费-储蓄倾向和交通消费倾向不会有任何影响，也不会对公共交通市场产生任何实质性影响。

要素补贴模式，即对消费者的要素补贴，是政府补贴消费者的公共交通消费，通过减少消费者支出的方式变相降低票价，从而吸引消费者更多地使用公共交通，从而达到提高城市交通资源使用效率的目的。当消费者收到只能用在公共交通上的财政转移支付后，所面对的实际公共交通价格会下降，根据消费者行为理论，私人交通的使用频率会降低，公共交通的使用频率会增加。

政府补贴消费者的公共交通消费行为，一种是让消费者在一定时间内有固定次数的免费乘车机会，免费的次数用完后则需自行付费；另一种是以优惠价格使消费者在一段时间内免费乘车，例如月票；还有一种是使消费者在每次消费时都能享受一定的折扣优惠，例如公交一卡通的刷卡折扣。

每种补贴方式都有自身的特点，对消费者出行行为的影响各不相同。例如，固定免费乘车次数的补贴方式，会使消费者在免费机会结束后尽量避免再次使用公交，或者尽量将使用次数限制在免费次数以内；而月票式的补贴方式，会使消费者故意增加不必要的消费，浪费公共交通资源。相比之下，一卡通折扣的补贴方式更加科学有效，政府可以根据当地居民收入水平变化情况和自身财力状况等因素，随时或者定期调整折扣的幅度，使补贴资金的效率保持最优状态。

（3）具体表现形式。

公交财政补贴可以分为显性补贴和隐性补贴。显性补贴是指政府直接通过财政拨款对公交企业的政策性亏损进行补贴，是以现金为主要形式的补贴。隐性补贴是指政府通过制定扶持政策、减免税费、投资基础设施建设等形式，为公交企业运营提供的间接补贴，是一种非现金形式的补贴。隐性补贴主要包括：

税收减免。政府对公交企业的车辆购置税、营业税、企业所得税、城市建设税及教育费附加等方面进行减免或优惠。

广告媒体经营权。即政府将可供使用的广告媒体资源，如公交站牌、站亭、车体、车座广告等媒体设施经营权交给公交企业，由公交企业经营并收益。

专用车道。政府在城市道路规划建设中，开通公交专用车道，保障公交车的优先路权，以提高公交车的运营速度和效率。

土地出让金返还。政府对公交企业的停车场、维修厂、换乘枢纽用地进行无偿划拨。

第五节　博弈论相关理论

一、城市公交补贴博弈关系

城市公交定价和补贴的参与主体主要为：乘客、公交运营企业和政府。参与主体之间的关系如下。

从乘客角度出发：公交运营企业应该满足乘客出行的位移需求；城市公交的票价应该在乘客的可接受范围之内，并力求满足乘客出行成本最小的要求；乘客对城市公交的服务水平进行评价并监督政府对公交运营企业的补贴是否合理。

从公交运营企业角度出发：为乘客的出行位移需求提供服务；定价是以政府财政补贴与价格管制为基础，以实现企业利润最大化为目标。

从政府角度出发：实现社会效益最大化是政府的主要目的；对公交运营企业进行价格管制和财政补贴；监督公交运营企业为乘客的出行位移需求提供服务。

在城市公交定价过程中，乘客、公交运营企业与政府的博弈关系如图2-3所示。

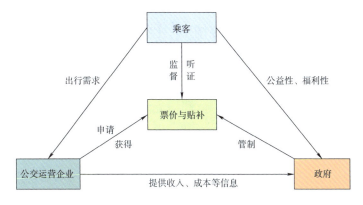

图2-3　参与主体的博弈关系

从三个参与主体的博弈关系可以看出，政府和公交运营企业为乘客提供公益性、福利性的服务，公交运营企业在满足乘客出行需求的情况下根据政府政策来进行定价，政府根据公交运营企业提供的收入、成本等信息对公交运营企业进行管制以及财政补贴。乘客、公交运营企业与政府在城市公共交通服务的价格制定过程中相互影响且相互制约。

二、机制设计理论

机制设计是指给定一个组织的目标（比如企业的利润、政府的税收、经济的效率、社会的公平），设计一套游戏（或博弈）规则，使得每一个参加经济活动的人，在掌握私人信息的情况下出于自身利益行事，且最终博弈结果能够达到该组织设定的目标。

获得2007年度诺贝尔经济学奖的三位美国经济学家，明尼苏达大学的列昂尼德·赫维茨（Leonid Hurwicz）、普林斯顿高等研究院的埃里克·马斯金（Erie S. Maskin），以及芝加哥大学的罗杰·迈尔森（Roger Myerson），制定了一个分析框架，它包括三个基本概念：激励相容（Incentive Compatibility）、显示原理（Revelation Principle）和实施理论（Implementation Theory）。

1. 激励相容

在设计机制时，要考虑到一个基本的约束条件，就是人们会利用自己的私人信息为自己的利益去做选择。设计的机制必须要与人们的自身激励相一致。赫维茨最早把激励相容作为一个约束条件引入了机制设计问题。据此，在财政补贴机制设计中，需要明确社会和企业的利益集合，将社会利益与企业追求的经济利益相结合。政府利益主要体现在提供普遍服务、提高服务质量、提高效率等。企业利益主要体现在获得经营权、弥补政策亏损、获得更大经济利益。企业可以通过多报亏损或政府奖励得到这些利益。

2. 显示原理

在激励相容的约束条件下设计最优机制通常是一个很复杂的数学问

题。迈尔森把这个复杂的问题简化成一个较为简单的数学问题。它所对应的是一组特殊的机制，即直接显示私人信息的机制，它们被称为直接机制。迈尔森证明了在寻找最优机制时，只考虑直接机制与考虑全部机制是等价的。显示原理表明，一个机制的任何均衡结果都能通过一个直接激励机制实现。严格而言，由某机制及一个均衡结果所构成的共同体等价于一个直接激励机制。在显示原理下，可以建立这样的直接机制，使得每一投标方构成一个贝叶斯纳什均衡（Bayesian Nash Equilibrium, BNE），形成贝叶斯纳什均衡的直接机制被称为激励相容。

在公交行业中，直接机制主要体现在，企业在能够获得经济利益的条件下，继续获得经营权或扩大经营范围。因此，可以通过博弈模型的设计，研究公交财政补贴的最优机制。在现实中，公交企业往往都是不诚实的，为了实现企业的利润最大化，往往会高报亏损额。公交企业之间关于"如实申报"与"不如实申报"也存在博弈，企业选择不同的策略可以获取不同的收益。政府如果想让企业主动如实申报亏损额，就必须提供一种相应的激励机制和审核制度。不过，任何激励和审核都要付出一定成本，而且付出成本也不一定能得到企业的真实信息，所以当政府不知道企业是否如实申报亏损额的情况下，公交企业"申报亏损额"与政府"是否进行审核"也存在博弈。城市公交企业与政府的博弈关系如图2-4所示。

3. 实施理论

对于直接机制，激励相容保证每个人说真话是一个均衡解，但不能保证解的唯一性。通常在一个机制下有很多均衡点，有的均衡点能实现目标，有的则不能。鉴于此，必须设计机制，使机制背后博弈的所有均衡结果对给定目标而言均最优，这就是执行问题。马斯金研究了所有均衡点都能实现这一目标的充分和必要条件。

由于城市公交属于政府管制行业，所以政府能够通过政策、制度和规则设计，形成公交行业运营的充分和必要条件，并在均衡点实现目标。在城市公交财政补贴机制中，公交企业之间、公交企业与政府之间都是反复博弈，最终公交企业与政府的均衡策略是"如实申报、部分核查"。当政府采取随机抽查企业申报的亏损额时，企业面临两种选择——"如实申报""不如实申报"。由于存在审核制度和奖惩措施，公交企业在选择"如实申报"的策略时，可以获得正常收益，而且还可以避免风险，所以如实申报亏损对于企业来说是最优策略。在这一均衡点下，政府应建立并实施成本审核制度，以避免公交企业的投机行为。

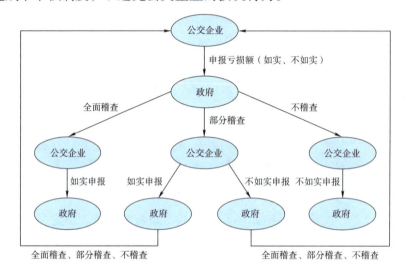

图 2-4　城市公交企业与政府的博弈关系

第三章
CHAPTER 3

我国城市公交运营补贴政策演变历程

第一节　我国公交行业发展历程

城市公共交通是现代城市系统的重要组成部分，是基础性、关键性的客运服务系统。19世纪20年代，第一辆蒸汽公共汽车在英国出现，标志着世界上最初的公共汽车开始运营。时至今日，城市公交已有近200年的历史，经历了发展、兴旺、衰退和复兴等阶段。我国城市公交也经历过上述发展历程。

一、第一阶段：缓慢起步阶段（新中国成立初期—1978年）

新中国成立至改革开放以前，我国实行社会主义计划经济体制，在国家财力有限、百废待兴的状况下，既要满足生存，又要满足发展，计划经济体制承担了非常特殊的历史使命。一方面，我国只能采取平均分配的办法，才能使大多数人维持基本的温饱生活，否则就有可能引起社会动荡。可以说，那时我国是采用平均分配的办法来解决生存问题。另一方面，我国只能以国家的名义，集中社会资金，统一安排建设力量和各种物资，通过重点工程，集中建设一批重要产业，这样就不可避免地形成了高度集中的计划经济体制。实行计划经济，必须从国民经济实际情况和自然资源特点出发，根据社会主义建设的需要，有计划地安排国民经济各部门之间的发展比例关系，合理地分布生产力，有效地利用人力、物力、财力，搞好生产与需要之间的平衡，促进国民经济协调发展，以满足国家建设和人民日益增长的物质文化需要。

1949年初，我国有2292辆城市公共汽车和电车，主要集中在北京、天津、上海、大连、南京等大城市，绝大多数城市是没有公共交通系统的。到1978年，全国城市公交运营车辆为25839辆，营运线路长度46384km，年客运量132亿人次。1966年至1977年，我国城市道路的建设资金比例下降，城市道路建设发展缓慢，道路面积年平均增长率仅为2%，而同期城市机动车保有量的年平均增长率为6%~10%，不少大城市交通开始出现拥挤现象。这一时期，由于实行鼓励自行车交通出行的财政补贴政策，使自行车作为城市居民的代步工具得到了迅速发展。此时城市居民出行主要依靠自行车出行和步行，也比较符合当时城市建成区规模。以北京为例，1949年建成区面积为109km^2，城市半径在10km左右，比较适合自行车出行。总的来说，这一阶段的公共交通并非城市出行的主体交通工具，而绿色的步行和自行车出行是城市出行的主流。当时自行车是最受我国城市居民欢迎、最普遍的出行方式，大部分城市居民出行中自行车分担率在30%以上。济南、杭州、郑州、福州、沈阳、成都、石家庄等相当一批省会城市，自行车出行分担率在50%以上。绝大部分城市居民出行分担率中，步行、自行车和公交车出行占90%以上，真正的个体机动化出行分担率不超过10%。

改革开放以前，城市公共交通企业基本上都是国营企业。计划经济体制是一种"生产者说了算"的经济体制，在企业和消费者之间的关系中，企业永远处于主动地位，消费者处于完全被动地位。计划经济体制下，永远都是卖方市场，消费者只能"有什么，买什么"，所以在计划经济体制下的国营企业的本质是生产单位。城市公交企业属于国营企业，也具有了国营企业的共性特点，只要按照政府制定的计划进行生产，不用担心客流量的多少，完成运行计划就完成了任务。可以说，在特定的历史阶段下，计划经济和国营企业在我国经济恢复和发展，以及人民生存和生活改善方面起到了重要的作用。

1949年末，全国城市共有132个，全国常住人口城镇化率只有10.64%。为了快速恢复国民经济，国家积极推动工业化进程，催生了一批新兴工矿业城市，吸引了大批农村劳动力转移到城市，城市数量和城市人口持续增加。至1978年，全国城市共有193个，全国常住人口城镇化率达到17.92%。由于更多的人涌向城市，给城市公共交通带来了不可避免的巨大压力。20世纪70年代末各种现代公交问题开始凸现。公共汽车运力不足、车辆设计不合理、交通法规和设施不健全等问题都开始变得突出。公交企业缺乏竞争机制，使得企业本身没有改善经营管理、降低运营成本和提高经济效益的积极性，导致了我国城市公交企业亏损严重，车辆老化、破旧，人员庞杂。

二、第二阶段：改革探索阶段（1979—2003年）

1.改革背景

党的十一届三中全会拉开了我国经济体制改革的序幕，经济体制从计划经济向以计划经济为主、市场调节为辅的方向转变，社会经济结构从单一的公有制经济向以公有制经济为主体、多种经济成分并存转变。同时，实行家庭联产承包责任制，使农民获得了生产经营自主权，极大地解放和发展了农村生产力，为加快推进城镇化进程奠定了物质基础。随着生产力水平的提高和专业化、社会化的发展，"第三产业"发展迅速，越来越多的人进入城市工作生活，加速了城市的快速扩张，促使城市数量不断增加、城市规模不断扩大。

这一时期，我国城市数量增速明显。1978年全国城市数量193个；1992年数量突破500个，其中县级市数量占比达62.48%；1994年数量突破600个，其中县级市数量占比达66.4%。在"撤县改市"的设市体制下，全国县级市的数量增幅远远超过地级市，1978年末县级市数量与地级市数量相差无几，1996年县级市和地级市差距最大，县级市数量是地级市数量的2倍多。1997年，国务院暂停了"撤县改市"政策，全国城市数量呈现负增长，地级市数量仍逐年稳步增长，而县级市数量由1997年的442个下降到2003年的374个，县级市数量是地级市数量的1.32倍。1978至2003年我国城市数量变化情况见图3-1。

这一时期我国城市建成区面积快速增长，城市框架迅速拉大，全国城区面积由1981年的206684 km^2 增加至2003年的399173.2 km^2，增长率达93.1%。其间，我国城区面积波动很大，1995年全国城区面积最大，达到1171698 km^2，较1978年增长了4.67倍。城区面积的增长，势必影响城市建成区面积。1981年我国城市建成区面积7438km², 到了2003年达到了28308km², 是1981年的3.8倍, 年平均增长率6.3%。

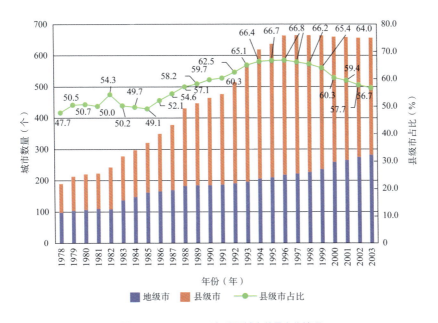

图 3-1 1978—2003年我国城市数量变化情况

从具体城市建成区面积来看（图3-2），到2003年我国建成区面积超过200km²的有15个，建成区面积超过100km²的城市有53个。北京2005年建成区面积为1180km²，是1949年的11倍，城市半径接近35km，已经超出了自行车能够覆盖的范围，人们出行势必趋于机动化，这也给城市公共交通发展带来了契机。

这一时期我国城市人口也快速增长，城镇化率进一步提高，全国城区人口由1978年的7682万人增加到2003年的3.38亿人，增长率达340%，年平均增长率达到了6.1%。城镇化率从1978年的17.9%增长到2003年的40.5%，年平均增长3.3%。到2003年，城区人口超过200万的城市有27个，城区人口超过100万的城市有71个。1981—2003年我国城市城区人口和城区非农业人口变化情况见图3-3。

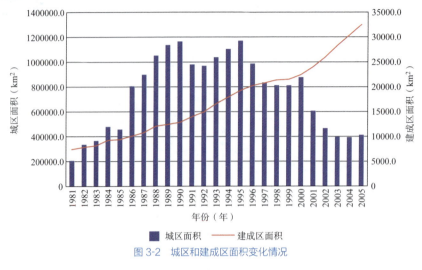

图 3-2　城区和建成区面积变化情况

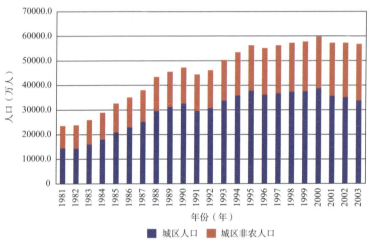

图 3-3　1981—2003年全国城区人口和城区非农人口变化情况

伴随着快速城镇化，全国城市公共交通也快速发展起来。尤其是城市用地规模、人口规模翻倍增长，城市框架拉大，出行距离增加，人们的出行习惯，从传统的非机动化出行为主体，过渡到机动化出行和非机动化出行同为主体的状态。2003年，全国660个城市中93%的城市有公共汽车运行，全国城市公交车保有量从1978年的25839辆增长到264338辆，增加近24万辆，增长了10倍多，年均增长率达到9.7%。1986—2003年我国城市公交车数量变化情况见图3-4。全国城市公交线路长度从1978年的4.6万km增长到2003年的13.7万km，增加9.1万km，增长了2.96倍。1978—2003年全国城市公交线路长度变化情况见图3-5。全国城市公交客运量从1978年的132.3亿人次增长到2003年的381.3亿人次，增加了249亿人次，增长了1.88倍。城市轨道交通建设逐步加快，截至2003年底全国有北京、天津、上海、广州、长春、大连等城市开通了地铁或轻轨交通，运营线路总长度达340km。1978—2003年全国城市公交客运量变化情况见图3-6。

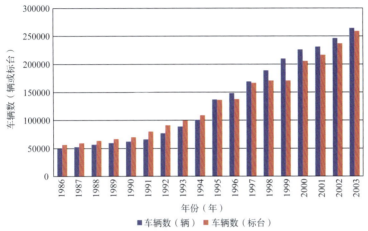

图3-4　1986—2003年全国城市公交车辆数变化情况

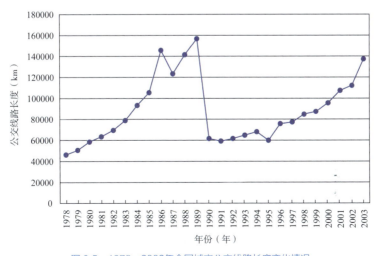

图3-5　1978—2003年全国城市公交线路长度变化情况

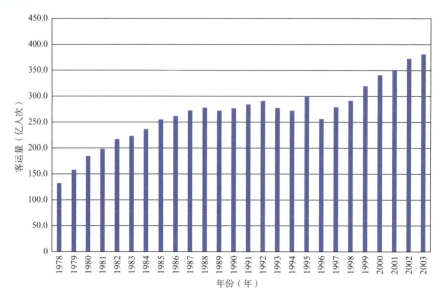

图 3-6　1978—2003全国城市公交客运量变化情况

2.市场化改革探索

随着城市快速发展和社会经济加速发展，计划经济表现出来的种种弊端愈发显露出来，国有公交企业管理水平不高、公交服务质量不高、企业和职工工作积极性不高等问题日益突出。此时正是国家推进计划经济向市场经济转变的过渡时期。1985年4月，国务院批转城乡建设环境保护部提出的《关于改革城市公共交通工作的报告》（以下简称《报告》），要求各地结合本地情况贯彻执行。《报告》指出当时城市公共交通存在的突出问题包括：一是客流量增长过快，现有车辆不能适应需要；二是现行票价过低，30年未作调整，月票价格长期低于成本30%~70%；三是企业负担过重；四是前后方设施比例失调，车辆折旧年限长，车辆失修严重；五是道路建设跟不上车辆增长需要，交通设施管理落后。针对上述突出问题，同时为了解决城市群众"乘车难"问题，《报告》提出"改变城市公共交通独家经营的体制，实行多家经营，统一管理。以国营为主，发展集体和个体经营。"正是在这一文件精神的指导下，公交行业搭上了市场经济的顺风车。

政府为了减少财政补贴负担，对城市公交等市政共有行业的产权制度进行改革。一部分城市将国有公交企业改制为民营企业，推向市场，以扭转国有公交企业亏损状况。具体做法有引入民营企业经营公交，或对国有企业进行民营化改造等。政府则完全取消或者大幅度减少对民营公交企业的财政补贴，尤其是低票价补贴，城市公交行业的生产、运营完全市场化或者绝大部分市场化。与此同时，公交企业逐步开始更新观念、加快发展，一改过去仅靠政府有限的财力投资购车的单一方法，通过贷款、分期付款、广告经营权转让和融资租赁等，多渠道筹资购置车辆，并通过设立有限责任公司、实施资产置换、吸纳民营资本和外资投入等运作形式，最大限度地优化、改造老客运线路，新增车辆，开辟新客运线路。市场化改造在特定的历史时期，确实发挥了激发城市公交企业活力的重要作用。

十堰市公交民营化改革尝试

2003年3月24日，温州市五马汽车出租公司与十堰市政府正式签订协议，以3931万元的价格收购十堰市公交公司的全部国有产权。新公司同时以每年800万元的经营费获得了十堰市公交18年的特许经营权。国内首例市级"城市公交整体民营化改革"由此拉开序幕。一方面，新公司盈利逐年增加。2003年实现全年收入6700多万元，利润达106万元；2004年实现全年收入7900多万元，利润达119万元。另一方面，新公司积极增加资金投入、更新基础设施、改善交通条件，为十堰市公交事业的改革与发展作出了积极的努力和探索。但随后不久出现的公交停运、工人罢工及接连几年的亏损，使改革陷入泥潭。最终，出于对公共利益的维护，十堰市政府于2008年收回所有线路特许经营权，全面接管公交公司。

虽然《报告》里也指出要"以国营为主，发展集体和个体经营"，但事实上许多地方民营资本大规模进入公交行业，所占比例超过国有资本。

许多城市迅速出现了大量形形色色的公交公司，有的地方甚至多达上百家。进入20世纪90年代中期，过度市场化的公交行业由于管理上失控，犹如脱缰野马，以致恶性竞争普遍存在。公交企业从全公益性事业转变为自负盈亏的企业，在资本逐利性的驱使下盲目追求客流较多的线路，砍掉客流稀少的冷门线路，损害了一部分乘客利益，降低了公交企业整体服务水平。同时，由于政府补贴对民营企业、合资企业覆盖不均，迫使一些企业对运营成本实施严格控制，导致驾驶员为了降低油耗违规超车、违法并道、闯红灯等，造成道路交通伤亡事故多发，影响了行业的健康发展。

公交企业市场化改革出现的种种问题，最根本的原因是公共交通市场属性和公益属性的失衡。作为准公共服务产品，公共交通的公益属性必须是排在第一位的，其次才是市场属性。而在市场化改造进程中，民营公交企业将重心放在经济效益上，势必造成服务品质下降。事实上，不管是国有企业还是民营企业，一旦将经济效益放在第一位，都会出现恶性竞争和公益性缺失，牺牲公交服务的公益属性。因此，公共交通这种产品，不能完全寄托于市场经济。当政府调节作用失灵或者不发挥作用时，特别是当依靠票款主营收入无法做到收支平衡时，政府财政资金缩减或者不给予补贴，公交基础设施建设落后、运营投入不到位等问题会更加严重。总之，公共交通公益属性的保障主体是城市人民政府，无论是计划经济还是市场经济，城市人民政府作为发展公共交通的主体地位是不能改变的。城市公共交通市场化改革的前提条件是：城市人民政府继续承担起公交公益属性的主体责任，同时引入市场经济规则，以提供优质的公共交通服务，而非放弃政府的主体责任，完全追逐市场机制，否则最后的结果必然是将公共交通推向恶性循环的境况中。

三、第三阶段：优先发展阶段（2004—2011年）

为贯彻落实党的十六大提出的建成完善的社会主义市场经济体制和更具活力、更加开放的经济体系的战略部署，2003年中共十六届三中全会通过并印发了《中共中央关于完善社会主义市场经济体制若干问题的决定》。文件指出我国仍处于社会主义初级阶段，经济体制还不完善，生产力发展仍面临诸多体制性障碍。为此需要更大程度地发挥市场在资源配置中的基础性作用，增强企业活力和竞争力，健全国家宏观调控，完善政府社会管理和公共服务职能，完善公有制为主体、多种所有制经济共同发展的基本经济制度，建设统一开放竞争有序的现代市场体系。与此同时，随着我国城镇化进程的进一步加快，机动化进程也明显加快，特大城市和大城市交通拥堵问题开始显现并迅速蔓延，城市框架拉大导致机动化出行服务跟进缓慢，群众出行不便的问题日益突出。传统自行车和步行已经不能作为主体出行方式，而以公共交通为代表的机动化出行方式，由于公交企业民营化导致公交服务质量不高、公益性缺失等。于是，社会公众开始呼吁恢复公交企业国有化，以改善服务品质；民营公交企业员工也希望通过国有化改革，提高工资和福利待遇。国家大的政策方针，以及经济社会发展和城市建设的需求，推动和促成了新一轮的民营公交回归国有的改革。

2004年3月，建设部发布《建设部关于优先发展城市公共交通的意见》（建城〔2004〕38号），明确将城市公共交通定位为"关系国计民生的社会公益事业"。文件提出积极稳妥推进城市公共交通行业改革，要求进一步打破垄断，开放城市公共交通市场，实行城市公共交通特许经营制度，逐步形成"国有主导、多方参与、规模经营、有序竞争"的格局。同时要求深化国有城市公交企业改革。在产权明晰的基础上，引导社会资金和国外资本参与企业改革和重组，优化企业的资本结构，实行投资主体多元化。要按照建立现代企业制度的要求，完善企业法人治理结构。深化企业内部人事、用工和收入分配三项制度改革，分流安置富余人员，分离企业办社会职能，创造企业改革发展的良好环境，使企业真正成为自主经营、自我发展、自我约束、自我完善的市场主体。进一步提高企业服务能力和水平，增强其在行业内的影响力和带动力。2004年6月，国务院总理温家宝做出重要批示："优先发展城市公共交通是符合中国实际的城市发展和交通发展的正确战略思想"，进一步将优先发展公交推向新高度。

2005年，国务院办公厅同意并转发建设部、发展改革委、科技部、公安部、财政部、国土资源部《关于优先发展城市公共交通的意见》，文件强调"确立公共交通在城市交通中的优先地位，明确指导思想和目标任务，采取有力措施，加快发展步伐。"同时，文件提出要积极稳妥地推进行业改革，明确了投融资体制、特许经营制度、市场监管和服务水平四个方面的改革要求。

（1）改革投融资体制。要按照市政公用事业改革的总体要求，鼓励社会资本包括境外资本以合资、合作或委托经营等方式参与公共交通投资、建设和经营。鼓励和支持公共交通企业采取盘活现有资产、改制上市等方式筹集资金。要把公共交通基础设施建设与周边地区用地开发统筹考虑，充分发挥项目建设的综合效益。

（2）推行特许经营制度。有序开放公共交通市场，实行特许经营制度，形成国有主导、多方参与、规模经营、有序竞争的格局。在实施特许经营的过程中，要防止片面追求经济收益，盲目拍卖出让公共交通线路和设施经营权，严禁将同一线路经营权重复授予不同经营者。对经营恶化、管理混乱、安全生产隐患严重的企业，要依法收回特许经营权。

（3）加强市场监管。城市公共交通行政主管部门要加强对公共交通企业经营和服务质量的监管，规范经营行为，依法查处非法营运、妨碍公共交通正常运行、危害公共交通安全等行为。要逐步推行等级服务评定制度，开展文明线路创建活动，加强行业自律，促进企业不断提高自身素质。

（4）提高服务水平。公共交通企业要科学调度车辆和编制运行图，加大行车密度、及时疏解客流，缩短乘客等候时间。要加快车辆更新步伐，积极选用安全、舒适、节能、环保的车辆，淘汰环境污染严重、技术条件差的车辆。要加强对公共交通场站、车辆、设施装备等的维护保养，为群众创造良好的乘车、候车环境。

经历了第二阶段的"放"，城市公交市场普遍存在的管理混乱、盲目逐利、安全事故多发等问题，引起了社会各界的广泛关注和深入反思。国务院转发住建部等6个部委的文件，提出的"规模经营"暗示了整合，提出的"国有主导"则指明了方向，许多地方似乎嗅到了再次改革的信号。于是，正如当年轰轰烈烈地放开市场一样，一场轰轰烈烈的市场整合开始了。在这一阶段，各地逐步开始思考如何重塑城市公交的公益性定位，而不是从盈利性入手，并开始着手兼并重组公交企业，特别是2008年大部制改革，指导城市公共交通的职能划归交通运输部门后，各地陆续实行了城市公共交通行政体制改革。在城市公交企业方面，重点是通过恢复国有或国有控股公交企业为主体的局面来恢复公交的公益性。主要呈现以下特点：

（1）国有或国有控股公交企业形成事实垄断的局面。全国中心城市中北京、石家庄、太原、呼和浩特、杭州、合肥、南昌、青岛、郑州、拉萨等城市的公交运营企业全部为国有或国有控股；福州、厦门、济南、青岛、武汉、海口、贵阳、昆明、兰州、西宁等城市国有及国有控股公交企业市场份额均高于80%。这些国有全资或控股的公交企业虽然已经"去行政化"，但是仍带有较浓厚的行政色彩，在很多大城市，其董事长、总经理的行政级别高于城市公交管理部门（很多地方的公交管理部门为正处级单位），不利于理顺公交管理机制体制。

（2）多种所有制公交经营主体多、规模效应不足。当时，全国中心城市中公交运营企业主体数量在10~20家的有天津、沈阳、大连、南京、南宁、深圳、成都、昆明、西安；主体数量在21~30家的有长春、上海、贵阳；主体数量超过30家的有哈尔滨、广州、重庆。部分企业经营规模小而分散，管理成本高，行业的规模化、集约化经营模式还未形成。资本的逐利性与城市公交的公益性之间的矛盾在一定程度上导致了公交行业的无序竞争和资源的浪费，造成政策难执行、管理难到位、矛盾难协调、线路难优化、服务难提升。

国家优先发展城市公共交通的战略给城市公共交通发展带来了前所未有的契机，各省市结合自身实际，制定优先发展城市公共交通的实施方案，提出构建"城市公共交通优先"体系，编制城市公共交通发展纲要、城市公共交通发展行动计划等指导性文件，出台了一系列落实优先发展城市公共交通战略的政策措施，有力地推动了城市公共交通的较快发展，这一时期城市公共交通的发展主要体现在以下几个方面。

（1）基础设施建设发展迅速。

各地进一步加大了对城市公交基础设施的投资建设力度，城市交通的固定资产投资稳步增长。2008年，公共交通系统投资额达1037.2亿元，是2005年投资总额的2.176倍，近10年公共交通投资额年均环比增长达30.4%。一些城市还积极拓展建设资金渠道，吸引社会资金和国外资金投资建设城市公共交通设施。2001—2005年，全国各城市仅在公交场站建设方面的投资就多达4000多亿元。很多城市设置了港湾式公交站台和公交信号优先系统，公共交通的运营效率和服务质量显著提高，方便了市民出行。全国先后建成了深圳福田综合交通枢纽、上海南站枢纽、北京市六里桥等综合客运枢纽，体现了零距离换乘、综合运输的思想。

（2）公交网络覆盖范围不断扩大。

公共交通线网长度显著增加。在城市交通基础设施大力建设和改造的基础上，城市客运服务，特别是公共交通线网覆盖范围不断扩大延伸。截至2011年底，全国公共汽车、电车及轨道交通运营线网总长度29.0万km，比2003年末增长203.4%。城乡客运一体化稳步推进，浙江嘉兴、成都郫县、武汉城市圈、长株潭城市群等地，涌现一批城乡、城际、区域公交一体化客运线路，通行政村的公交线网覆盖面达到60%~80%，与通村班车互为补充，让郊区居民也享受到城区公交的同等服务，增加了公共交通出行的吸引力。快速公交系统（BRT, Bus Rapid Transit）运营里程逐年增长。快速公交系统是一种新型的公共交通方式，它兼具了轨道交通容量大、速度快和常规公交灵活、便捷、成本低的优势，可以满足发展中国家大城市地区的交通发展需求。截至2011年底，我国已经开通运营BRT的城市有13个，即北京、杭州、济南、重庆、大连、合肥、厦门、广州、盐城、乌鲁木齐、枣庄、郑州和常州，总运营里程988km。截至2011年底，除海南、重庆、西藏、甘肃和青海外，全国其他26个省（自治区、直辖市）均已开通公交专用车道，公交专用车道总长度为4425.6km，全国36个中心城市中已有32个城市开通公交专用车道，累计长度为3067.2km。城市轨道交通运营里程实现新的突破,在城市公共交通系统中的主骨架作用逐步得到发挥,截至2011年底,全国共有13个城市开通了城市轨道交通,运营线路条数为58条,线路总长度为1698.7km,运营总里程为2.4亿列公里。

(3)节能环保水平有效提升。

在国家建设"资源节约型、环境友好型"社会的背景下,各地城市客运行业管理部门和运营企业高度重视,纷纷制定配套政策,减少城市客运发展对城市空气、环境、安全和生态的负面影响,解决土地、能源和人力等资源节约与高效利用问题,以实现最佳的社会、经济和环境综合效益。推进交通可持续发展取得成效。各级地方政府也投入不少的资金对大排量公交车辆进行清洁燃料的改造利用,购置清洁燃料公交车,增加大型新型公交车辆,逐步减少了对环境的污染。新能源、新燃料、高标准环保型车辆得到推广,各地纷纷采取多种鼓励措施促进车辆装备的升级换代,城市客运可持续发展水平得到有力提升。截至2011年底,全国公共汽车中CNG(压缩天然气,Compressed Natural Gas)和LPG(液化石油气,Liquefied Petroleum Gas)车辆总数达到78523辆。全国公交运营车辆中新能源车辆总数为7831辆,占公交车辆总数的1.7%,有效地推进了城市交通的可持续发展。由于城市土地是稀缺资源,各地在政府的支持下纷纷进行交通用地的集约化建设,综合客运枢纽实行立体开发,多种交通方式集中换乘。如南京南站、深圳福田客运枢纽等都建设了立体化公交换乘场站,集约化使用土地,提高了空间利用率和多方式的换乘效率。

南京公交企业由 11 家整合为 3 家

2011年12月,南京市政府发布了《南京市公交行业资源整合方案》,现有的11家从事公交运营的公司,将被整合为主城、江宁和江北各一家公交公司。到2012年5月底,南京全市(溧水县、高淳县除外)将形成以3家国有控股企业为主的公交营运格局。

这次整合强调两大关键词"国有主导"和"公益性"，凸显城市公共交通的公益性，强化国有资本在提供公共产品中的主导地位。方案提出将建立国有独资或控股的公交企业产权结构，增强国有资产在企业中的主导地位，更好地保障行业公益性。把公益性与经营性分离，场站管理和公交运营分离，公交广告与公交运营分离。按照有利于推进公交行业集约化经营发展模式，构建国有主导、有序竞争的城市公共交通经营格局。统一配置公交线路等公交资源，推进企业提高运营效率、管理水平和服务品质。具体来说，主城、江宁、江北各合并成一家公司管理所有场站，整合为"3+1"模式，即3家从事公交线路经营企业和1家从事场站资源建设和管理的企业，实行公交线路等资源集中统一配置，站运分离。

四、第四阶段：公交都市阶段（2012年至今）

改革开放以来，我国分别在1982年、1988年、1993年、1998年、2003年、2008年、2013年、2018年进行了八次政府机构改革。历次改革主线始终清晰，即转变政府职能。其中，第六次以来机构改革的主要目标是建立大部门制。2008年，国务院启动了第六次政府机构改革，改革的基本价值指向是：推进政府机构向大部门制发展，以满足市场经济发展和公共治理追求的需要，其最直接的落脚点是促进政府职能转变。这次机构改革中，国务院新组建交通运输部，增加了对民航、邮政和城市客运的指导职能。

2008年国家大部制改革后，城市公共交通管理职责纳入新组建的交通运输部，为了提高城市公共交通服务水平，强化对公交行业的指导与管理，交通运输部在《交通运输"十二五"发展规划》中提出"十二五"期间在全国选择30个城市开展国家"公交都市"建设示范工程。2011年，交通运输部发布《关于开展国家公交都市建设工程有关事项的通知》（交运发〔2011〕635号）文件，标志着国家"公交都市"建设示范工程正式启动，建设"公交都市"是交通运输部履行城市客运管理职责的重要举措，也是推动公共交通优先发展战略的具体体现，目的是全面提升全国各城市公共交通的服务质量和保障能力，从综合角度全面改善城市公共交通系统，改变城市交通系统被动适应发展的状态，真正实现城市健康发展。

公交都市是社会文明发展到一定阶段的产物，也是我国当前发展阶段所必须追求的一种城市发展模式，是受资源、环境、安全等外部条件约束下的最佳城市建设形态，促使公交都市形成的两大外在主导因素是城镇化和机动化，两大内在因素是居民收入水平的提高和机动化出行行为的改变，快速城镇化必将引起人口大规模的迁移，城市人口激增，城市空间拉大，长距离的出行和工作岗位的变迁，必将促使机动化出行比例增加，从可持续发展的角度来看，建设集约化和节约化的城市是唯一的途径，而公交都市恰恰就是这一途径的最佳选择。不言而喻，对于一个500万人口以上的城市，如果追求以小汽车为主导机动化出行方式，所占用的土地资源的比例要远远超过公交都市。

公交都市是建立以公交为主导机动化出行方式的城市发展模式，可以实现公共交通与城市土地之间相互融合，是城市公共交通系统与城市系统之间的和谐统一，公交都市的本质是实现人地关系和谐。公共交通系统自身发展仅仅是公交都市建设的一个方面，而非全部。公交都市强调的是公交方式的选择与城市发展相互匹配，即"只选适合的，且效益最大的公共交通发展方式"。由于世界上每个城市的形态各有不同，支撑和引导的交通系统也有所不同，所以公交都市并没有固定的模式，但公交都市均有典型的特点。

公交都市创建示范工程开展以来，"公交优先"的发展理念越来越深入人心，公交都市已经成为推进落实公交优先发展战略的重要抓手，成为凝聚城市公交改革发展共识的重要平台，成为推动城市交通运输发展的重要品牌。近年来，各级交通运输主管部门特别是各公交都市创建城市认真贯彻落实国家及交通运输部的部署安排，在地方党委、政府的统一领导下，紧密联合有关部门，充分发挥城市公交企业的主体作用，主动作为，扎实推进公交都市建设工作，取得了明显成效，服务民生和促进城市经济社会发展的能力显著增强。与此同时，安徽、江西、河南、广东、贵州、河北等省份交通运输主管部门借鉴国家"公交都市"创建工作经验，积极主动作为，在省内组织开展了优先发展公共交通示范建设活动。通过搭建省级创建平台，制定出台相关扶持政策，指导和推动城市公共交通优先发展进一步落实，为有效提升城市公共交通服务质量和服务水平奠定基础。

通过十年的创建实践，公交都市创建示范工程的主要成效体现在三个转变上：一是从"被动适应"向"主动引领"转变。即从过去公交服务被动追随城市出行增长需求，转变为通过打造公交走廊、综合枢纽，主动引导城市空间布局和用地调控。二是从"部门行为"向"政府行为"转变。即公交发展从过去"就公交谈公交"的部门行为上升为政府主导的市长工程，形成政府搭台，多部门密切协作、相互配合、统筹推进的新格局。三是从"具体项目"向"全面推进"转变。即从过去公交发展注重于单一项目建设，转变为公交投资、用地、路权等全方位、立体式实施优先战略。

截至2021年底，全国共批复了87个公交都市创建城市，全国共有33个城市被命名为"国家公交都市建设示范城市"。截至2020年底，全国拥有城市公交70.44万辆，拥有城市轨道交通配属车辆49424辆，拥有巡游出租汽车139.40万辆，拥有城市客运轮渡船舶194艘。全国城市公交运营线路70643条，运营线路总长度148.21万km，公交专用车道16551.6km；城市轨道交通运营线路226条，运营里程7354.7km，其中地铁线路189条，运营里程6595.1km，轻轨线路6条，运营里程217.6km；城市客运轮渡运营航线83条，运营航线总长度323.4km；2020年完成城市客运量871.92亿人次。其中，公交客运量442.36亿人次，运营里程302.79亿km；轨道交通客运量175.90亿人次；巡游出租汽车客运量253.27亿人次；客运轮渡客运量0.39亿人次。

第二节 我国城市公交补贴机制发展历程

城市公共交通具有市场属性和公益属性，且公益属性要显著强于市场属性，运价管制决定了它必须进行政府补贴。从宏观角度看，优先发展城市公共交通需要财政支持的内容比较多：设施层面，包括车辆、场站和信息化建设等；运营层面，包括运营补贴、合理投资回报等。从微观角度看，优先发展城市公共交通需要财政支持的只包括运营层面的补贴。随着我国城镇化进程的加快，城市居民对更优质公交服务的需求日益突出，城市公共交通的补贴机制问题成为亟待解决的焦点问题，但是政策性亏损补贴给谁、补贴多少、怎样补，成为困扰财政部门的几大问题，只有明确了财政补贴的对象、补贴额度以及补贴方式，才能使我国城市公共交通的财政补贴机制更加合理化。回顾我国城市公共交通发展的不同阶段，细致掌握不同类型补贴机制的特点。

一、第一阶段：计划经济全额补贴阶段

改革开放之前的计划经济时代，政府是国有资产的实际持有者，政府与国有企业之间是一种行政隶属关系，政府办企业的特点非常明显，政府对其下属的国企直接指挥和控制，而且对企业生产的全过程、全要素进行调度，包括人员的安排。政府办企业，企业办社会，是我国特定历史条件下形成的运行机制。"政府办企业"意味着集"裁判员"与"运动员"于一身，这种模式下，政企不分、政资不分，容易导致企业缺乏改革创新动力。"企业办社会"容易导致企业生产经营资金的分散，导致生产成本高，市场竞争力弱，经济效益低。计划体制下政府办企业，导致了国有企业职能的行政化和政府化，企业亏损也是比较普遍的现象，但是计划经济下，国有企业并不担心亏损，因为所有的生产投入都是由政府按照计划拨

付的，可以理解为政府全额扶持、全额兜底。

中华人民共和国成立后至改革开放时期，我国城市公共交通基本上由国有企业经营，也秉承了绝大多数国有企业的共性特点，城市公共交通服务基本上完全依赖政府供给，票价也是由政府管制。计划经济时期非常典型的补贴或者福利是月票，在最开始实行计划经济的时候，月票是作为交通补贴的形式发放给职工的，即使职工不拿月票乘车，补贴也不发到职工手里，那时职工基本人手一张月票。从补贴方式来看，政府通过给国有企业发放财政补贴的形式供给公交服务，此时没有其他形式的隐形补贴，例如广告收入、税收减免等。大多数国有公交企业的补贴额度是全额补贴，依据公交企业上报的年度经营方案和年度营运总成本来确定补贴金额，政府全额补贴公交企业实际亏损。这种政府管企业和全额政府补贴是这一阶段典型的特征。

二、第二阶段：多种补贴机制并存阶段

改革开放以后，随着城镇化、工业化进程加快，城市交通出行规模逐步攀升，城市公共交通主营票款收入总体上还是比较可观的，2004年以前，我国大部分城市的公交企业基本可以盈利或盈亏平衡，此后由于各项成本上升、票价难以调整等原因逐步开始亏损。城市公共交通经历了市场化改革，再到回归国有化的历程，国家也更加关注城市公共交通的公益属性和政策补贴制度的制定。城市层面，由于各地经济水平不一样，导致了政府采取不同的经营管理模式，有的城市继续实施市场化模式，政府给予一定补贴；有的城市回归国有化，政府给予全额补贴；有的城市开始给予一些政策扶持，而非资金扶持。补贴的方式也多种多样。总的来看，各城市都在探索适合自身的补贴方法。

2006年，建设部、国家发展和改革委、财政部、劳动和社会保障部联合发布了《关于优先发展城市公共交通若干经济政策的意见》（建城〔2006〕288号），这是一个资金扶持城市公共交通优先发展的专项制度，文件提出：城市公共交通是与人民群众生产生活息息相关的重要基础

设施，是关系国计民生的社会公益事业。应建立健全城市公共交通投入、补贴和补偿机制，统筹安排，重点扶持。归纳起来，文件提出了以下六个方面的经济政策：

一是要坚持以政府投入为主，将城市公交发展纳入公共财政体系。例如城市公用事业附加费、基础设施配套费等政府性基金要向城市公交倾斜。

二是地方政府要加大对城市公共交通的投入，对轨道交通、综合换乘枢纽、场站建设，以及车辆和设施装备的配置、更新给予必要的资金和政策扶持；要加快特大城市的轨道交通建设。

三是按照市政公用事业改革的总体要求，鼓励社会资本参与城市公交的投资、建设和经营，通过实施特许经营制度，逐步形成国有主导、多方参与、规模经营、有序竞争的格局。

四是对于实行低票价以及月票，老年人、残疾人、伤残军人等减免票政策形成的城市公交政策性亏损，城市政府应给予补贴。

五是成品油价格调整影响城市公交增加的支出，由中央财政予以补贴。

六是由于政府指令性任务所增加的支出，经城市政府主管部门审定核实后定期进行专项经济补偿。

在四部委关于优先发展城市公共交通若干经济政策的政策指导下，各地结合自身情况，积极探索公交补贴方式，受经济发展水平、重视程度等方面的影响，公交补贴制度也是多种多样，归纳起来主要有以下几种：

1.谈判型公交补贴

谈判型的公交补贴，主要是指公交企业每年按照实际亏损的发生额，与地方财政部门进行协商后，确定公交补贴的项目与额度；有时还采取一事一议的方式谈判解决，如公交企业经营困难时通过向财政部门打报告获取财政补贴，这种方式比较简单粗放。当时，这种方式在一些经济欠发达的城市比较普遍。

这种方式下，理想状态是企业能够客观地评估和测算亏损额度，并且能够积极主动降本增效，提高服务质量，提高客运量，进而增加票款收入。政府方面，则完全承担企业亏损，并且按照实际亏损补贴给公交企业。但是，实际情况往往会出现补贴额度不够、补贴不及时的问题，一定程度制约了公交优先发展，降低了企业经营的积极性。

2. 预算约束型的公交补贴

预算约束型的公交财政补贴，主要考虑地方政府年度预算能力，公交企业实际的亏损等补贴需求一般很难通盘考虑。因此，在这种补贴机制下，公交补贴一般只能弥补公共交通企业一部分的亏损，不能进行全面补贴，结果是导致公交企业的亏损日益增加。

预算约束型的公交补贴机制在我国城市比较普遍，有1/3以上的城市采取了这种方式。为了简化这一决策程序，一些地区甚至采取了基数包干法，公共补贴额一定几年不变。这种补贴机制在一定程度上反映了地方政府在履行公共服务职能上财力不足或重视不够。

3. 单位成本定额型补贴

此种补贴目前一般具体表现为车公里补贴和人公里补贴。其中，车公里补贴是按运营里程和运营车辆数的综合水平确定补贴额。四川省建委1995年建议的车公里补贴水平为0.5元/车公里，1993年除北京、上海外的122个城市的平均补贴水平为0.39元/车公里。这种补贴方式一定程度上考虑了公交企业的生产量，但可能导致单纯追求行车里程，而忽视了服务质量和客运量。人公里补贴是按运营里程和客运量的综合水平确定补贴额，与车公里补贴方式相比，这种方法的主要目的是消除企业的运营部门单纯追求行驶公里而忽视客运量的服务弊端。企业为提高人公里数会注重服务质量以吸引更多的乘客，使补贴发挥积极作用，但公交企业可能会忽视冷僻线路，有损公益性。

该补贴模式使企业降低成本和增加收入的积极性下降。世界银行调查表明：这种补贴方式效果不佳，大量补贴用于提高员工的工资，仅有一半真正反映在较低的票价上，服务质量得不到改进，生产率反而下降。政府难以确定企业上年度财务决算的准确性，更无法保证企业将补贴用于更新改造、提高服务质量。

三、第三阶段：政府购买公交服务阶段

政府购买服务起源于西方国家，是现代社会管理中一种常见的模式，政府购买服务是指通过发挥市场机制作用，把政府直接提供的一部分公共服务事项以及政府履职所须服务事项，按照一定的方式和程序，交由具备条件的社会力量和事业单位承担，并根据合同约定向其支付费用。政府购买服务模式的实施和推广显著地降低了公共服务成本，提高了提供公共服务的效率，改善了公共部门的绩效。我国自20世纪80年代就已有政府购买公共服务的探索性试点，但始终缺乏完整的政策制度体系。

在国家政策指导下，我国一些城市从2007年开始探索建立政府购买城市公交服务的财政资金扶持制度，制定了更加精细化的基于服务质量考核的政府全额补贴的模式。一些城市以成本规制为基础，建立了以核定企业全成本为依据的补贴方式，代表城市包括深圳、天津、青岛、苏州、杭州、兰州、乌鲁木齐、常州、宜兴、武汉、南昌、温州等；一些部分城市制定了相关标准，以车公里或客运量为基础进行补贴，代表城市为湖州等。

1."票运分离"补贴模式

公交TC模式即"交通共同体（Transport Community）"模式，其核心是实行"票运分离"，由TC公司代表政府统一收取票款，对公交网络进行规划，对运营商提出服务质量要求，通过成本核算以政府购买服务的形式向企业购买公交服务。2008年，佛山市借鉴德国经验，以政府购买服务为核心理念，开始探索公交TC模式改革。TC公司代表政府根据中心城市市民出行的需求，制定规范、量化的公交服务标准，以合约的形式向企业购买服务，并实施监管落实。在对运营企业的管理上，由过去单一的行政约束管理转变为以法定合约管理为主、行政约束管理为辅的方式。佛山TC模式的组织架构分为政府层（公共交通协调机构）、管理层（交通共同体管理中心，即TC公司）和运营层（各公交运营企业）。佛山TC模式

管理层组织架构详见图3-7。

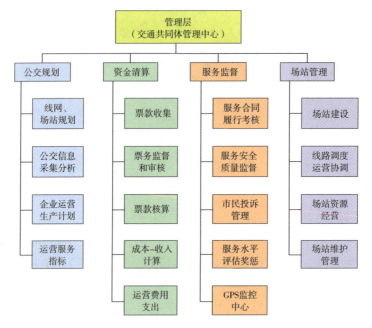

图 3-7 佛山 TC 模式管理层组织架构图

政府层：由交通局及相关政府部门组成，负责政策的制定和指导，协调城市公共交通整体规划和基础设施投资建设，制定合理的票制票价，提供良好的城市公共交通服务环境。

管理层：即交通共同体管理中心，简称为TC公司，由地方国资委100%控股。负责按照政府层制定的政策和业务指导，统一收取票款、规划线路，代表政府对公交运营企业的服务状况进行监督考核，以及具体负责场站管理。

运营层：由多个公交企业组成，按照合同约定的服务标准运营。运营企业通过招投标方式取得线路运营权，仅负责按照合同提供公共交通服务，不拥有票款的收益权。

2."成本规制+绩效考核"的补贴模式

公交成本规制是指科学界定公交行业各项运营成本范围，合理确定各项运营成本标准值，配套公交服务质量考核机制，以此作为财政补贴额度的计算依据和实际补贴资金发放依据。同时，也可以作为公交运价制定和调整的依据之一。财政补贴包括对政策性亏损补贴，以及合理的回报利润。自2008年深圳市率先实施基于成本规制的补贴政策以来，国内很多城市也开始探索实施这种模式，包括杭州、苏州、天津、青岛、兰州、贵阳等城市。下面以苏州为例说明该模式。

"成本规制+绩效考核"的基本补贴模式是：政府补贴总额=政府购买公交服务补偿+投资回报调节+服务质量调节，首先，综合考虑过去若干年成本变化情况，对标同类型城市实际情况，规范了人员工资、燃料成本、车辆折旧费、车辆维修费等各项成本项目范围；其次，制定政府购买公交服务规制成本的操作流程，明确购买主体、购买内容、购买数量、购买规则和购买程序等；最后，配套出台"公共汽车客运企业服务质量规范及考核"制度，明确考核内容、程序和方法等，作为补贴额度的重要参照依据。在上述基本补贴的基础上，一些城市还尝试制定了专项补贴制度，例如：政府指令性任务补贴、新开冷僻线路补贴等。购买公交服务所需资金全部列入政府财政预算。补贴标准一般经过2~3年的综合评估后进行调整。其中每年的公交线路运营计划由公共交通管理部门统筹考虑财政资金总量和公共交通发展需求，在每年年初进行核定。

3.综合定额补贴模式

综合定额补贴模式也是基于公交运行成本进行测算的，首先也是综合考虑过去若干年成本情况，对标同类型城市实际情况，明确公交企业运营过程中产生的人员工资、燃料成本、车辆折旧费、车辆维修费等各项成本范围。其次，将根据公交线路运行标准里程和单位里程亏损补贴基准进行测算，测算的年份一般为过去三年，通常2~3年会对标准值进行评估。合理投资回报以年度主营业务收入与主营业务利润率的乘积计算。主营业务利润率由市公共交通管理领导小组根据全社会服务业平均利润率合理确定。其中每年的公交线路标准里程由公共交通管理部门统筹考虑财政资金总量和公共交通发展需求，在每年年初进行核定。

除了上述的基本补贴制度外，一些城市也会制定一些专项补贴制度，如：考虑到新辟线路培育客流需要时间，此类线路的单位里程补贴基准适度增加。再如：对特殊人群减免票价造成的收益减损，由财政部门按照现行政策对企业进行补贴。此外，城市政府同样会对企业提供的公交服务进行综合考核，考核内容包括年度计划执行情况、服务质量转型考核和主要财务规制指标考核，考核结果是核发公交企业合理补贴的主要依据。

第三节 我国公交发展政策环境

一、综合扶持政策

1. 国务院关于城市优先发展公共交通的指导意见

自2004年3月建设部发布了《建设部关于优先发展城市公共交通的意见》（建城〔2004〕38号）之后，标志着国家开始全面重视公共交通优先发展；2005年，国务院办公厅同意并转发建设部、国家发展和改革委、科技部、公安部、财政部、国土资源部《关于优先发展城市公共交通的意见》；2006年，建设部、国家发展和改革委、财政部、劳动和社会保障部联合发布了《关于优先发展城市公共交通若干经济政策的意见》（建城〔2006〕288号），明确将城市公共交通定位为"关系国计民生的社会公益事业"。

2012年10月，国务院第219次常务会议研究部署城市优先发展公共交通，明确了优先发展公共交通的重点任务。2012年12月，国务院发布《国务院关于城市优先发展公共交通的指导意见》（国发〔2012〕64号），这是第一次以国务院名义印发的城市公共交通优先发展综合性政策文件，将公交优先发展推向一个新的阶段。文件提出"加快转变城市交通发展方式，突出城市公共交通的公益属性，将公共交通发展放在城市交通发展的首要位置"，将优先发展公交提升到城市交通发展模式层次。文件从发展理念、发展原则、发展政策和发展机制等方面提出了推进城市公共交通发展的指导意见，提出要将公交发展资金纳入公共财政体系、依法减征或者免征城市公共交通运营车辆车船税、对城市轨道交通运营企业实施电价优惠、实施公交用地综合开发、实施交通影响评价制度、建立绩效评价制度等重大政策制度，并针对公交路权和信号优先、公交安全管理、完善决策程序、改善公交职工待遇、加强交通综合管理等作出了政策性规定。

2.城市公共汽车和电车客运管理规定

《城市公共汽车和电车客运管理规定》（以下简称《规定》）是为规范城市公共汽车和电车客运活动、保障运营安全、提高服务质量、促进城市公共汽车和电车客运事业健康有序发展，依据《国务院关于城市优先发展公共交通的指导意见》（国发〔2012〕64号）制定，由中华人民共和国交通运输部于2017年3月7日发布，自2017年5月1日起施行，是城市公共交通行业级别最高的部门规章，明确了城市公交客运的适用范围、发展定位、基本原则和发展方向，从规划和建设、实施特许经营、运营服务监管体系、运营安全管理、监督检车等方面提出了一系列要求，为城市公交客运行业规范健康发展提供了法规依据。

《规定》明确了落实公交优先战略的主体为城市人民政府，城市公共交通主管部门在本级政府的领导下，联合相关管理部门共同做好公交优先战略相关政策措施的落实工作。城市人民政府要按照公益事业对城市公交客运给予政策上的支持，处理好企业承担社会责任和自身经济效益的关系，确立城市公交客运等城市公共交通在城市综合运输体系中的主体地位，为公众提供安全可靠、方便快捷、经济舒适、节能环保的公共客运服务。

《规定》的出台解决了行业发展面临的诸多迫切需要解决的问题，一是在一定程度上解决了城市公交领域缺少管理依据的问题，为规范城市公交客运活动提供依据;二是明确了城市公交的设施设备维护、安全运营管理和从业人员安全意识教育等相关规定，为进一步保障城市公交安全运营提供了支撑；三是对城市公交规划建设、线路运营权授予、企业运营服务、从业人员规范、监督检查、法律责任等作出明确规定，为有效提高城市公交行业的服务能力和服务水平，提升老百姓的幸福感和获得感提供了抓手。

《规定》具体规定了公交线路运营权授予方式和程序。一是明确城市公交客运按照国家相关规定实行特许经营，通过服务质量招投标方式授予线路运营权，并签订线路特许经营协议；不符合招投标条件的，由城市公共交通主管部门择优选择取得线路运营权的运营企业。二是考虑到城市公交运营服务的相对稳定性、公平竞争性，明确线路运营权实行期限制，且同一城市公交运营权实行统一的期限。三是线路运营权期限届满后，由城市公共交通主管部门按照国家相关规定重新选择运营企业。《规定》对于运营权授予的严格规定削减了实施过程中经营权变更的随意性，是确保公共资源配置客观、公正、民主的有力制度保障措施之一。

3.关于推进交通运输领域政府购买服务的指导意见

2016年初，财政部、交通运输部联合发布了《关于推进交通运输领域政府购买服务的指导意见》（财建〔2016〕34号），提出了交通运输领域政府购买服务的指导思想、目标和原则，明确了交通运输领域政府购买服务的主体、内容范围、程序以及资金和绩效管理，并指出"公路水路交通运输领域政府购买服务应按照政府采购有关法律规定，统一纳入政府采购管理。"该意见的出台为交通运输领域政府购买公共服务提供了规范性指引和制度框架。该文件提出政府购买的运输服务事项中包括城市公共交通运输服务和城市客运场站枢纽运营管理，为政府购买公共交通服务提供了上位依据。

二、专项扶持政策

1.成品油价格补助政策

2009年1月，《国务院关于实施成品油价格和税费改革的通知》（以下简称《通知》）（国发〔2008〕37号）实施，《通知》取消了公路养路费、航道养护费、公路运输管理费、公路客货运附加费、水路运输管理费、水运客货运附加费六项规费征收，提高了成品油消费税税额。为减少税费改革对公益性交通运输行业的影响，降低油价调整带来的成本负担，《通知》提出对部分公益性行业实施成品油价格补贴，包括种粮农民、城市公交、农村道路运营（含岛际和农村水路客运）、林业、渔业、出租汽车等。

为进一步落实和做好城乡道路客运成品油价格补助工作，财政部、交通运输部联合颁布实施了《财政部 交通运输部关于印发〈城乡道路客运成品油价格补助专项资金管理暂行办法〉和〈岛际和农村水路客运成品油价格补助专项资金管理暂行办法〉的通知》（财建〔2009〕1008号，以下简称《暂行办法》），对补贴对象、补贴程序、补贴时限做了规定，以确保补贴资金及时足额发放到位，明确了交通运输管理部门、企业的责任和义务，保障了专项补贴的落实，加强了专项资金的管理。

《暂行办法》明确指出，补助资金是用于补助城乡道路客运经营业户因成品油价格调整而增加的成品油消耗成本而设立的专项资金，补助对象包括城市公交企业和农村客运经营业户，在完善出租汽车价格联动机制之前，对出租汽车经营业户给予临时油价补贴。要求专款专用，全额用于补助实际用油者，不得挪作他用。具体补助对象，由道路运输管理机构按照经营许可的经营范围认定。补助用油量由交通运输部门和道路运输管理机构按照城市公交企业、农村客运和出租汽车经营业户合法拥有的车辆数量、车型和行驶里程等，计算核定在一个补贴年度内合法营运消耗的成品油数量。

2015年，《关于完善城市公交车成品油价格补助政策加快新能源汽车推广应用的通知》（财建〔2015〕159号）发布，对现行城市公交车成品油价格补助中的涨价补助，以2013年为基数，逐年调整，2015—2019年，现行城市公交车成品油价格补助中的涨价补助以2013年实际执行数作为基数逐步递减，其中2015年减少15%、2016年减少30%、2017年减少40%、2018年减少50%、2019年减少60%，2020年以后另行确定。调整后的城市公交车油价补助资金继续拨付地方，由地方统筹用于支持公共交通发展。要求各省（自治区、直辖市）财政、工业和信息化、交通运输等部门根据本地实际情况制定具体管理办法。城市公交车补助问题由地方政府通过增加财政补助、调整运价等方式予以解决，确保公交行业稳定。

2. 公交车免征车辆购置税

为减轻城市公共交通企业经营压力，2012年6月《国家税务总局　交通运输部联合关于城市公交企业购置公共汽电车辆免征车辆购置税有关问题的通知》（国税发〔2012〕61号）印发，明确了对城市公交企业新购置的公交车辆免征车辆购置税的具体条件和工作程序等。随后，2016年1月《国家税务总局　交通运输部关于城市公交企业购置公共汽电车辆免征车辆购置税有关问题的通知》（税总发〔2016〕157号）印发。2019年6月，《国家税务总局　交通运输部关于城市公交企业购置公共汽电车辆免征车辆购置税有关事项的公告》印发，公交车免征车辆购置税实行了3个5年，为城市公交企业减免了一定税费，缓解了城市公交企业的经营压力。

3. 新能源公交车购置补贴

从2009年开始，国家对公共服务领域新能源车辆推广应用给予补贴，随后随着技术、成本和市场规模等的变化，补贴政策优化调整了多次（见表3-1），对新能源客车的补贴依据车辆类型逐步细化，提升整车和动力电池等技术指标，降低补贴资金，加强扶优扶强。具体特征如下：

（1）动力类型聚焦新能源汽车：2013年开始不再对普通混合动力车辆提供补贴。

（2）车辆长度要求放宽：由10m以上扩展到6m及以上，覆盖全长度段的城市公交车产品。

（3）技术指标注重使用性和安全性：降低单位载质量能量消耗量、提升续航里程、提高电池系统能量密度等要求。

（4）补贴转向扶优扶强：由定额补贴转向设置差异化补贴。

（5）补贴标准逐步退坡：以动力电池生产成本和技术水平发展等为依据，逐年下调补贴金额。

我国新能源客车补贴政策演变 表3-1

年份（年）	政策文件	政策要点
2009	《关于开展节能和新能源汽车示范推广试点工作的通知》（财建〔2009〕6号）	明确对试点城市公共服务领域购置新能源汽车给予补助，由此拉开了新能源汽车补贴时代的序幕
2009—2012	科技部、财政部、国家发展和改革委、工业和信息化部启动《十城千辆节能与新能源汽车示范推广应用工程》	通过提供财政补贴，计划用3年左右的时间，每年发展10个城市，每个城市推出1000辆新能源汽车开展示范运行，涉及这些大中城市的公交、出租、公务、市政、邮政等领域，力争使全国新能源汽车的运营规模到2012年占到汽车市场份额的10%
2013	《关于继续开展新能源汽车推广应用工作的通知》（财建〔2013〕551号）	纯电动乘用车、插电式混合动力（含增程式）乘用车、纯电动专用车、燃料电池汽车2014年和2015年度的补助标准将在2013年标准基础上下降10%和20%
2014	《关于加快新能源汽车推广应用的指导意见》（国办发〔2014〕35号）	提出了包括总体要求、加快充电设施建设、积极引导企业创新商业模式、推动公共服务领域率先推广应用、进一步完善政策体系等政策措施
2014	《关于免征新能源汽车车辆购置税的公告》	对免征车辆购置税的新能源汽车，由工信部、国家税务总局通过发布《免征车辆购置税的新能源汽车车型目录》实施管理
2014	《关于新能源汽车充电设施建设奖励的通知》（财建〔2014〕692号）	中央财政拟安排资金对新能源汽车推广市或城市群给予充电设施建设奖励
2015	财政部发布了《关于2016—2020年新能源汽车推广应用财政支持政策的通知》（财建〔2015〕134号）	2017—2020年除燃料电池汽车外其他车型补助标准适当退坡，其中：2017—2018年补助标准在2016年基础上下降20%，2019—2020年补助标准在2016年基础上下降40%
2015	《关于完善城市公交车成品油价格补助政策加快新能源汽车推广应用的通知》（财建〔2015〕159号）	现行城市公交车成品油价格补助中的涨价补助以2013年作为基数，逐年调整。2015—2019年，现行城市公交车成品油价格补助中的涨价补助以2013年实际执行数作为基数逐步递减，其中2015年减少15%、2016年减少30%、2017年减少40%、2018年减少50%、2019年减少60%，2020年以后根据城市公交车用能结构情况另行确定

续上表

年份（年）	政策文件	政策要点
2016	政部发布了《关于调整新能源汽车推广应用财政补贴政策的通知》（财建〔2016〕958号）	补贴标准按电池电量分档累退，分别设置中央和地方补贴上限，其中地方财政补贴不得超过中央财政单车补贴额的50%。除燃料电池汽车外，各类车型2019—2020年中央及地方补贴标准和上限，在现行标准基础上退坡20%
2018	《关于调整完善新能源汽车推广应用财政补贴政策的通知》（财建〔2018〕18号）	一是完善新能源汽车补贴标准。根据成本变化等情况，调整优化新能源乘用车补贴标准，合理降低新能源客车和新能源专用车补贴标准； 二是分类调整运营里程要求。对私人购买新能源乘用车、作业类专用车（含环卫车）、党政机关公务用车、民航机场场内车辆等申请财政补贴不作运营里程要求。其他类型新能源汽车申请财政补贴的运营里程要求调整为2万km，车辆销售上牌后将按申请拨付一部分补贴资金，达到运营里程要求后全部拨付，补贴标准和技术要求按照车辆获得行驶证年度执行
2019	《关于于进一步完善新能源汽车推广应用财政补贴政策的通知》（财建〔2019〕138号）	国补下调了50%以上，取消了地补，对应整体退坡幅度在60%以上。地补取消转向至充电（加氢）基础设施建设及配套运营服务等方面
2020	《关于完善新能源汽车推广应用财政补贴政策的通知》（财建〔2020〕86号）	将新能源汽车推广应用财政补贴政策实施期限延长至2022年底。2020—2022年补贴标准分别在上一年基础上退坡10%、20%、30%。为加快公共交通等领域汽车电动化，城市公交、道路客运、出租（含网约车）、环卫、城市物流配送、邮政快递、民航机场以及党政机关公务领域符合要求的车辆，2020年补贴标准不退坡，2021—2022年补贴标准分别在上一年基础上退坡10%、20%。原则上每年补贴规模上限约200万辆
	《关于进一步完善新能源汽车推广应用财政补贴政策的通知》（财建〔2020〕593号）	2021年，新能源汽车补贴标准在2020年基础上退坡20%；为推动公共交通等领域车辆电动化，城市公交、道路客运、出租（含网约车）、环卫、城市物流配送、邮政快递、民航机场以及党政机关公务领域符合要求的车辆，补贴标准在2020年基础上退坡10%

4. 新能源公交车运营补贴政策

2015年，《财政部　工业和信息化部　交通运输部关于完善城市公交车成品油价格补助政策加快新能源汽车推广应用的通知》（财建〔2015〕159号）发布，新增新能源公交车运营补助，中央财政对完成新能源公交车推广目标的地区给予新能源公交车运营补助，补助资金将采取存量部分年初拨付、增量部分年终清算的方式，补贴标准详见表3-2。在每年4月底前，中央财政对以前年度（从2015年1月1日起）已购买并上牌，且在正常运行（年运营里程不得低于3万km）的新能源公交车，按照一定的补助标准，将运营补助资金拨付给省级财政部门，与城市公交车成品油价格补助预拨资金一并下达。当年新投入运营的新能源公交车，中央财政将于下一年度4月底前，向符合条件的省（自治区、直辖市）拨付运营补助资金，与城市公交车成品油价格补助清算资金一并下达；不符合要求的将不予拨付。补助资金要求专款专用，全额用于补助实际用油者和新能源公交车的运营，不得挪作他用。

节能与新能源公交车运营补助标准（2015—2019年）　　　表3-2

单位：万元/（辆·年）

车辆类型	车长 L（m）		
	$6 \leq L < 8$	$8 \leq L < 10$	$L \geq 10$
纯电动公交车	4	6	8
插电式混合动力（含增程式）公交车	2	3	4
燃料电池公交车	6		
超级电容公交车		2	
非插电式混合动力公交车		2	

5. 场站土地税费减免

财政部2013年印发《关于对城市公交站场道路客运站场免征城镇土地使用税的通知》（财税〔2013〕20号），规定对城市公交站场经营用地（包括城市公交首末车站、停车场、保养场、站场办公用地、生产辅助用地）、道路客运站场运营用地（包括站前广场、停车场、发车位、站务用地、站场办公用地、生产辅助用地）免征城镇土地使用税。

第四节 我国公交运营补贴需求

2013年11月，《中共中央关于全面深化改革若干重大问题的决定》发布，明确要求处理好政府和市场的关系，使市场在资源配置中起决定性作用，全面正确履行政府职能，推广政府购买服务。新中国成立以来，我国城市公共交通经历了从完全国有化到市场化改革，再到目前的公益回归三个阶段，有必要厘清政府与市场的关系和责任义务，科学判断政府购买公共交通服务的需求，使政府承担起优先发展公交的主体作用，使市场进一步发挥资源配置的决定性作用，从而提高公交服务供给的水平和效率。

一、迫切需要建立完善的制度体系

完善的制度体系和协调机制是进行规范补贴、实施政府购买服务的基本前提和根本保障，虽然国家出台了指导性文件，有些城市也结合自身情况进行了政府购买公交服务的实践，但是目前从国家层面到地方层面，政府购买公交服务制度和工作机制还有诸多不完善的地方，尚未实现购买服务的规范化、科学化。

国家层面来看，政府购买服务的顶层制度设计仍不完善，国家相关部委对"政府购买服务""服务类项目政府采购"以及"政府和社会资本合作"之间的区别和联系仍有分歧，财政部与国家发展和改革委出台的相关政策文件内容有所出入。此外，国家对于"政府购买服务"缺乏配套保障措施和激励政策，也使得该政策难以有效落实。

行业层面来看，一是在建立购买城市公交服务制度方面缺乏法律效力层级较高的规范性文件，亟须尽快建立上位法依据。《城市公共汽车和电车客运管理规定》已颁布实施四年多，下一步还应积极推动国务院法制办加快推进"城市公共交通"法律建设。二是缺乏公交服务的行业指导性文件，需要结合城市公交行业特点，进一步细化《关于推进交通运输领域政府购买服务的指导意见》等文件要求。三是公交服务的内容范围、合同规范管理、购买服务资金测算、绩效评价体系等缺乏指导性政策，也缺少可供参考的试点示范城市案例。

地方实践来看，各城市在建立政府购买服务制度方面进度不一，普遍存在下述问题：

一是缺乏购买服务合同约束。主要是对于城市公交运输服务类事项，尤其是公交运输服务缺乏合同，一些城市以政府会议纪要、通知等形式代替法律合同，导致政府、企业之间责权不清。

二是购买服务程序不规范。很多城市仍为事后补贴、补偿，而非按照事前购买服务的要求，提前将购买服务内容和资金列入预算，并严格按照预算执行。以青岛为例，公交企业2012年发生的政策性亏损于2013年进行核定，财政部门根据核定运营成本编制预算，到2014年甚至2015年才能将2012年的财政补贴全部清算完毕，期间公交企业只能求助于短期借贷维持运营，导致企业资产负债率增大，也增加了地方财政补贴负担。

三是购买服务资金难以准确核定。城市公交运营的政策性亏损与经营性亏损难以准确划清，财政、物价、审计等部门多头监审使得企业运营的会计成本、审计成本和规制成本三者之间难以协调统一，导致出现多个统计口径。此外，由于缺乏足够的历史数据作为参考依据，也使得政府购买服务资金预算难以准确核定。

四是对于购买服务的绩效考核激励机制仍不够健全。在制度设计上未能实现奖优罚劣，导致城市公交运营企业缺乏降本增效、提升服务质量的动力。

二、迫切需要建立稳定的资金来源渠道

目前，我国城市公共交通投入资金主要来源于财政预算，公交投资来源渠道单一且不稳定，资金来源包括地方政府财政预算、中央对地方的转移支付性资金以及地方政府债务性资金。由于缺乏规范化、制度化的投入

机制，地方投入城市公共交通的财政预算主要视其自身财政状况而定，缺乏对基础设施建设与运营相对稳定的资金投入渠道和扶持政策。这导致对当地公共交通的资金投入存在"有钱多补，没钱少补"的状况，大部分公交企业财务不可持续，严重制约了城市公共交通的良性发展。

一是国家层面尚没有建立资金补贴机制。在中央层面，除燃油价格补贴、车购税、新能源公交车购置补贴等补贴外，一直缺乏稳定的公共交通发展专项扶持资金。根据《关于完善城市公交车成品油价格补助政策加快新能源汽车推广应用的通知》（财建〔2015〕159号），中央燃油补贴政策已有所调整，至2019年补贴额逐年减少，2020年后的燃油补贴政策面临较大不确定性。随着车购税和燃油税改革推进，中央财政对于地方公共交通建设发展的资金扶持或将缺位，迫切需要研究建立新的、稳定可靠的中央财政性资金保障机制。

二是公交主营业务收入呈现下降趋势。一方面，受到地铁、网约车、电动自行车、产业调整等多重因素影响，常规地面公交客运量有所减少，全国公交客运量呈持续下降趋势。2014年我国城市公交客运量达到峰值781.9亿人次，此后持续下降，2019年为691.8亿人次。另一方面，由于常规地面公交长期实行低票价政策，绝大部分以"单一票制为主+里程计价为辅"的模式，并普遍在公交IC卡刷卡和换乘方面给予优惠（主要以刷卡打折为主），并且对老年人、学生等特殊群体实行免费或较低的刷卡折扣。多重因素叠加作用下，大多数城市常规地面公交票款收入逐年减少，企业负担不断加重，迫切需要调整公交票制票价，但又面临着社会舆论压力等阻碍。

三是科学的运价建立和调节机制未建立起来。低票价政策是城市公共交通一项重要的措施，低票价政策降低了城乡居民的出行成本，使城乡居民享受到了实惠，在一定程度上能够吸引更多的人乘坐公共交通，提高公共交通客流量和出行分担率，这一点是有目共睹的，但低票价政策的实施，也带来了诸如财政负担重、市场缺乏竞争性、企业缺乏发展动力、价格失衡等问题。单一票制对于企业统计票款收入来说，简单易行。但是在公交出行群体中，不同消费群体的消费水平和追求的公交服务存在一定的差异性，而不同票制往往是满足不同需求的主要手段。此外，低票价政策的实施，意味着城市财政要拿出大量的资金用于补贴，可想而知，当城市财政难以承受时，公交服务质量必将受到巨大的影响。因此，需要研究核定社会效益和经济效益，考虑城市政府支出能力、公交企业成本、公共政策目标、居民承受能力以及各种公共交通方式之间的合理比价，科学合理地核定公交票价。

三、迫切需要建立优质的产业扶持政策

产业政策是一种间接的资金扶持政策，城市公共交通重要的资产是场站用地，公共交通场站用地综合开发，既能够盘活公共交通存量用地，发展上盖或开发地下空间以获取经济效益；也可以通过其他方式获得公交用地周边毗邻的新土地，开展更大范围的综合开发，从而获取更多的经济收入。综上，良好的产业政策能够减少财政资金的直接投入和补贴。但是目前来看，我国尚未建立稳定的产业政策体系，特别是场站用地综合开发政策。

一是存量用地综合开发难度大。城市常规公交企业的存量场站用地一般均为行政划拨用地，是进行综合开发的主要土地资源，存在较大的现实问题，主要问题是土地性质转变难度大。若综合开发主体计划利用此类用地进行商业开发，必须调整用地性质，将原有"交通用地"变为"商业或住宅等经营性用地"。若调整用地性质，需先调整规划，但是目前，规划制定和审批方法的程序复杂、严格，因此调整规划的周期长、难度大，可操作性差。

二是公交企业直接参与综合开发难度大。根据目前国家法律规定，对于非行政划拨用地，综合开发主体必须采取招拍挂、协议出让等有偿方式获得土地使用权，其中协议出让方式成本最低。由于财力有限，一般城市常规公交企业很难通过公开招拍挂的方式获得土地使用权，而协议出让方式的适用条件非常严格，难以实现。若存量公共交通场站用于经营性开发

的部分，属于公共交通场站不可分割的部分，城市国土部门允许城市公共交通企业采用协议出让的方式获得该经营性开发部分所占土地的使用权。

三是综合开发利润空间有限。由于大城市中心城区用地普遍紧张，公交增量用地主要分布在距离城区较远的新区或郊区，客流少且经济发展不如城区，短期内不具备商业开发的价值。在大部分小城市，公交并不是最主要的出行方式，财政补贴压力较小，企业对用地综合开发的意愿不强。此外，根据规划要求，公共交通综合开发项目的容积率低于纯商业或住宅用地的容积率，项目利润空间有限，减弱了社会资本参与综合开发的吸引力。

四是综合开发收益管理有待规范。《国务院关于城市优先发展公共交通的指导意见》（国发〔2012〕64号）明确提出要加强公共交通用地综合开发，这一要求是国家站在公共交通行业发展的角度提出的，因此，不管综合开发的主体是否为公共交通企业，都要确保"公共交通用地综合开发的收益用于公共交通基础设施建设和弥补运营亏损"，但是在已开展公共交通用地综合开发实践的城市中，普遍缺乏规范的政策文件。

四、迫切需要建立规范的运营市场体系

发展成熟和完备的购买服务市场是政府购买服务的前提条件，然而目前，国内很多城市政府购买公交服务的市场供给条件较差、市场发育程度不足，缺乏完善的市场准入和退出机制，尚未形成"规模经营、适度竞争"的城市公交市场经营格局。从国内主要城市的公交运营管理现状来看，大多数城市已形成一家国有或国有控股公交企业形成事实垄断的局面，导致政府在购买公交服务时缺乏选择和价格比较，也难以实施有效的购买服务质量激励机制。据不完全统计，全国中心城市中石家庄、南昌、呼和浩特、银川、拉萨只有一家国有公交企业；郑州、济南、杭州、武汉、贵阳的公交车辆国有化率超过90%；兰州、合肥、成都、南京、海口、福州等地区的公交车辆国有化率在70%~85%之间；西安公交车辆国有化约为63%，上海、乌鲁木齐约为56%；广州、西宁、沈阳、昆明、太原

等地的国有控股、多种所有制并存的公交企业格局已经建立,其中广州公交行业约有16家有限责任公司,占据车辆市场份额约为55%;而哈尔滨、南宁、天津、长沙非国有化公交车辆所占市场份额也在50%左右。

再者,公交企业可持续发展能力不强。一是各地城市公交企业普遍存在票款收入不足、政策性亏损、负债经营等问题,导致服务质量低、安全隐患多、驾驶员流失严重等现象,企业可持续发展能力不强、发展动力不足。很多城市均存在公交驾驶员不足的问题,导致在岗驾驶员工作强度普遍过大,易造成疲劳驾驶等问题。二是常规地面公交企业由于成立时间较长,发展过程中存在很多历史遗留问题一时难以解决,进一步给企业发展带来负担,如:企业历史债务成本,公交车辆老化,人员冗余、原有员工转岗分流安置等问题。三是公交企业的运营管理效率不高,常规公交车辆使用效率逐年降低,进一步影响了资金使用效率和企业可持续发展。例如,2012—2014年,青岛市公交车辆总数增长14%,市级财政补贴从7.55亿元增长到15.38亿元,增长率高达104%,而同期公交客流量增长缓慢,仅增长了3%,政府购买服务资金使用效率不高。

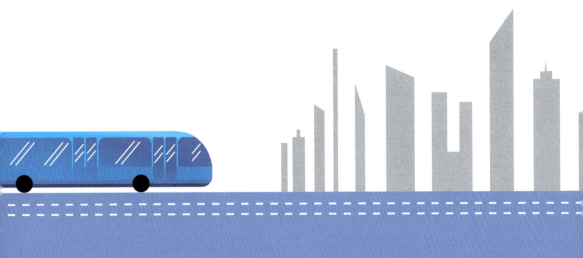

第四章
CHAPTER 4

城市公交运营补贴国际经验

第一节　城市公交财政扶持政策经验

一、英国伦敦：基于招投标的政府购买服务模式

伦敦是英国的政治、经济、文化中心和交通枢纽中心，是世界金融中心之一。伦敦的行政区划分为伦敦城和32个自治市。伦敦城外的12个自治市称为内伦敦，其他20个自治市称为外伦敦。伦敦城、内伦敦、外伦敦构成大伦敦市。整个大伦敦市面积1580km^2，人口700多万，道路总长13580km。伦敦大都市区则是包括大伦敦在内的英格兰东南地区环绕伦敦形成的都市区，面积10385km^2，人口1185万。

公有制的伦敦公共运输服务开始于1933年，当时的伦敦客运理事会通过收购获得了11家城市公共汽车和有轨电车公共客运服务实体。此后，伦敦公交运营模式经历了以下变更。

（1）1985年之前，由政府公交运营机构（相当于国有企业）直接提供所有服务。

（2）1985年，试点公交线路招标，促进政府公交运营机构与私营机构竞争。其间，除了伦敦外，英国其他地区都大幅放松了公交服务的政府管制，引进私营机构参与竞争。

（3）1989年，经过一段时间的试点，伦敦准备将国有企业分割成更小的公司，为大范围推广私有化作准备。

（4）1993年，50%的公交线路通过招投标获取经营权，其中40%的线路经营权授予了私营机构。

（5）1994年，国有企业实现了市场化运营。

在上述运营模式变化过程中，伦敦市逐步形成了以招投标方式为基础的政府购买公交服务模式。伦敦交通局（Transport for London,TFL）与公

交服务承包商之间的购买服务合约相应发生变化,直观地反映了运营模式变革的目标。1985年至今,共形成了3种不同类型的合约。

1. 总成本合约

该合约在1985—2000年使用,期限为五年。合约规定的主要内容有:支付给私营运营商的运营成本;票款收入由伦敦公交公司保留;如果没有完成合约要求的运营里程要扣减成本费用;如果不能达到服务标准可以终止合约;如果能够达到服务标准就可以继续参与新的线路投标等。

这份合约的特点是保障了运营商提供服务所必需的资金,但没有建立服务质量提升的激励机制。运营商对提供客运量和服务质量没有积极性。

2. 净成本合约

该合约在1995—1998年使用,期限也是五年。合约规定的主要内容有:支付给经营者的经营成本和预估的票价收入之间的差异;预估的票款收入由运营商保留;如果没有完成合约要求的运营里程要扣减成本费用;如果不能达到服务标准可以终止合约;超出预估部分的票款收入也由运营商保留。

净成本合约的特点是将预估的票款收入及运营商提升服务获得的额外票款收入均留给了运营商,有助于激励运营商提高客运量,但净成本核算的方式也会诱导运营商通过降低服务质量来减少成本以获得更多的差额收益。

采取净成本合约后,伦敦公交客运量同比增长约2%~3%,同时也产生了一系列问题:一是服务质量普遍降低,许多运营商没有严格按照合约规定的服务性能要求进行经营。二是成本核算的要求很高,由此产生昂贵的管理和收入分配的调查费用。三是运营商对新增线路的分流变得非常敏感,使得服务标准的变更和新线路的开通变得更加复杂。四是客运量增长带来的收入增长不能完全用于公共交通系统的投资。

3. 服务质量激励合约

该合约吸取了前两种合约的优点,并弥补了不足之处,期限为五年,已从2001年使用至今。如果企业服务质量持续提升,这一合约最多可以延期两年。此外，通过提高服务质量，企业最多能够获得15%的合约价格作为额外奖金。

服务质量激励合约范本规定的主要内容有：由运营商在招标时对运营所需的总成本数额及期望的回报率进行报价，如中标即以该价格作为合约支付基本价格。在此基础上，伦敦交通局设定最低的服务质量标准，并建立一个服务质量考核机制以保证最低标准的实现。公交企业通过提高服务质量，最多能够获得15%的合约价格作为额外奖金；而服务质量低于最低标准时，要扣除一定合约额。

目前，对于所有实施外包的公共交通服务，伦敦交通局一律采用招投标的形式选择运营商，合约期通常为5~7年。具体的选择过程分为几个阶段。首先是初选。在伦敦交通局网站列出已经中标的运营商名单和需要招标的服务，符合网站公布的企业基本标准的企业可直接联系伦敦交通局。其次是洽谈，填写问卷。问卷主要内容包括企业的财务稳定性、企业发展情况以及历史经营情况。伦敦交通局还会进行实地考察，通过考核的企业才能参与招投标竞争。由于线路较多，平均每年都会有一批公交线路服务合约到期，大约占总数的15%~20%。对于地上铁路和轻轨，整个线路通常由一家运营商经营，因此要等该运营商的服务合约到期后才能重新招标，合约年限为7年。在招标的过程中，伦敦交通局会根据不同线路提出不同的服务要求，包括运营时间、发车间隔、车辆类型、车站环境等。竞标企业按照自己所能承担的价格、服务水平参与线路运营权的竞标。竞标信息由各企业上交给招标部门。伦敦交通局下设评标委员会，参与人员主要包括技术人员和管理人员，评标过程中委员会可以随时召集竞标者了解相关情况。在评标过程中，评标委员会主要参考依据包括价格、提供服务的能力、员工招募与培训、车辆、财务状况、运营计划、企业历年运营表现、企业下次是否参与竞标等。此外，评标委员会还必须对未中标的企业给出合理解释。

伦敦市采用的基于招投标的政府购买服务模式具有以下特点：

一是政府与企业签订合约，合约中明确规定双方职责，政府及企业均需要严格依照合约履行各自职责。采用"收支两条线"的方式，政府负责确定运营线路、制定服务标准，企业负责运营和协助政府收回票款，对客流量引起的票款收入不承担任何风险。

二是通过一段时间的数据积累，政府基本掌握企业运营成本水平，并通过招投标的方式充分发挥市场机制作用，以降低政府购买公共交通服务的支出。

三是对政府治理能力要求较高，行业管理部门需要科学制定服务质量和安全标准并且有能力进行实时监控。

四是政府负责公共交通基础设施项目的投资。最能体现政府购买服务精髓的是伦敦政府购买服务合约中有关政府与企业的责权划分（见表4-1）。

伦敦政府购买服务合约中有关政府与企业的责权划分　　表 4-1

伦敦公交（伦敦交通局附属机构）及其承包商	公交运营商
负责组织招投标	投标并出价
确定公交运营线路及发车频率	
设定服务质量和安全标准并进行监控	制作行车时刻表、发车计划、员工值班名册
设定车辆载客容量和最低标准	
审批运营商提供的运营班次表	提供并维护经营场地和车辆
设定票价并保留票款收入	
提供售票机并负责维护	负责员工招募及培训
提供票款收入保护（包括随车检察员：防止逃票）	
提供车辆通信和GPS设备并负责维护	管理线路日常运营，保持服务质量、及时处理服务中断
提供公交网络基础设施（站点基础设施如站牌等）并负责维护	
提供24h紧急通信设施	监督公交卡的使用、收集现金票款
提供路边工作人员负责处理临时改道和主要事故（24h）	
负责公交服务的市场宣传	遵守国家和地方相关法律法规，包括运营许可证等
负责与当地其他管理机构及利益相关方的协调联络	
负责收集协调乘客的投诉建议	按伦敦公交要求提供运营数据
投资重要的路网及基础设施项目	

二、新加坡：非货币性补贴模式

新加坡国土面积716km^2，由新加坡岛及附近63个小岛组成，其中新加坡岛占全国面积的88.5%，总人口540万，城市人口基本达到100%。新加坡公共交通由城市捷运系统（即地铁）、轻轨系统、公共汽车系统组成，以地铁为主、其他客运方式为辅，各种交通方式之间优势互补、协调发展。其中，地铁行驶于客流集中的交通走廊，轻轨是地铁网的支线，公共汽车则服务于中等客流的交通要道。

新加坡现行的公交运营模式有两大特点：一是公共汽车与轨道交通混合经营，由两家上市公司新加坡地铁集团（SMRT）和新加坡新捷运公司（SBS Transit）分别经营各自专营区内的公共交通服务，专营区之间的服务则由双方共同提供。两家公司混合经营轨道交通和公共汽车，SMRT侧重地铁业务，SBS Transit侧重公共汽车业务。SMRT是集团公司，下属的城市轨道交通公司、城市轻轨交通公司和八达公交公司三家专业子公司分别负责地铁、轻轨和公共汽车的营运业务；而SBS Transit则混合经营公共汽车、地铁和轻轨业务。两家营运公司通过联合创办的通联公司（Transit Link）制定详细的公共交通服务规划，报送陆路交通管理局和公共交通理事会审批。这一形式有效地避免了公共汽车与轨道间重复的竞争，进一步促进了公共汽车与轨道的一体化。二是公共交通运营管理高度市场化。政府只负责投资建设道路及轨道交通等公共交通基础设施，通常不补贴营运服务和更新成本。SMRT和SBS Transit均是自负盈亏，自己承担公司的日常费用、运营成本、车辆维护和折旧费用等。他们分别负责指定区域内的公共交通营运，各自通过调研、方案设计等制定公共交通线路规划，并提供综合的公共交通服务来满足公共交通监管部门提出的服务要求。由于管理有效和不断的运营改革，加上票价接近市场，且1997年新加坡政府建立了规范的公共交通运价调节机制，此后每年票价均有调整，因此在政府没有提供财政补贴的情况下，很长一段时间这两家公司基本能够很好地运营并实现盈利。但近年，经营效益出现下降趋势。

公共交通财政政策的核心内容是：政府全权负责基础设施建设成本，包括公交枢纽、车站、地铁、出租车站等建设及大修维护，而对公共交通运营通常不提供直接的财政补贴。1992年起，政府要求公共交通运营企业都要设立专用账户，建立公共交通能源平准基金，作为应对短期油价上涨的措施。基金从企业收入里提取，每年累积直至达到预定目标（至少等于公司按照公共交通理事会提出的参考燃料价格计算的一年燃料消耗费用）。公共交通理事会给出的参考价是最近5年平均市场价。当实际采购价格低于参考油价时，提取差额部分注入基金；高于参考油价时，可提取基金来缓和燃料价格短时急剧上涨的压力。

管理体制方面，新加坡的城市公共交通管理体制采用政府主导、市场参与、社会共治模式。由陆路交通管理局（Land Transport Authority，简称LTA）和公共交通理事会（Public Transport Committee，简称PTC）共同管理。两者均为交通部下属法定机构。陆路交通管理局主要负责陆路交通的规划、发展、实施和管理，工作目标是提供高效率及高效益的陆路交通系统以满足不同的需求，主要职责包括：制定陆路交通政策及相关的法律、法规；制定交通与土地使用综合规划；制定公交网络规划；规划、设计与发展轨道交通系统及道路基础设施；管理道路运输与维护道路基础设施；监管公共交通服务水平；拥车及用车管制；道路拥堵收费；管理公共交通票务系统、道路收费及电子停车收费系统。公共交通理事会成立于1987年，负责平衡各方利益，特别是乘客的利益（服务质量、安全与票价）以及保证公共交通运营公司的可持续发展。成员分别来自社会各界，广泛代表公众意见，确保其决策更容易被乘客接受。该机构的主要职责包括监管公交服务质量、公交与地铁票价、公交路线、运营商执照及客票支付服务执照等。

新加坡采取的是地铁、轻轨、公交多种公共交通方式合营的区域专营模式。这种混业经营的模式使得各种公共交通方式的衔接更顺畅、及时和到位。城市公共交通基础设施建设全部由国家投资。在国家土地利用与综合交通规划框架下，公共交通基础设施建设实行预算制并纳入国家财政预算体系，通过国家财政逐年安排资金。此外，还成立了公共交通理事会，参与公共交通决策与管理，代表不同社会团体与各阶层公众的利益，确保相关决策更容易被乘客接受。

政府对公共交通运营主要采取的政策扶持方式为：一是设施低价租用，枢纽和终点站租金12元（年·km^2）；二是优惠购车政策，包括免拥车证费用，进口税减免50%，公共交通车辆附加注册费仅为市场指导价的5%（其他车辆为市场指导价的110%）；三是政府投资非接触式智能卡系统建设（包括软件费用）；四是社会共同助贫，建立公共交通基金，通过社会发展青年与体育部、社区发展委员会的工作扶持计划和其他社会自发组织帮助贫困家庭，给予较低收入家庭更多的公交费用援助，如政府的"工作福利计划"援助、公共交通运营公司给贫困家庭发放乘车代币券等，让低收入群体也能负担出行费用；五是给予企业较大自主权，让企业通过推行一卡通、优化公共交通线网、实行无人售票等，应用智能化管理，不断降低成本。

新加坡坚持以政府主导、市场调节的基本原则治理城市交通，治理效果显著。在保证不同群体利益均衡的基础上，通过市场调节引导公共目标和愿景的实现；通过市场调节，确保公共交通系统的运行效率最优化，使公交企业实现财政可持续、乘客得到最优服务，同时让政府能够高效、合理地使用和调配有限的公共财政资源。

自2012年起，新加坡开始策划公共交通改革，将原有公交市场两家专营、自负盈亏的模式转变为"政府主导的合同承包模式"（即合约式）。从2014年下半年开始，新加坡政府开展"政府主导的合同承包模式"试点，公交运营单项竞争合同内容包括12条线路，约300~500辆公交车。陆路交通管理局计划先推出三个公交运营服务标，开始实施的合同标将长达五年，如果表现良好可以赢得两年的拓展期。

新加坡陆路交通管理局负责确定公交服务的质量和标准，公交运营公司将投标竞争这些线路的运营资格。中标企业负责运营，陆路交通管理局负责支付线路经营费用，而所有票款收入将由政府收取并分配。在竞标成功后，竞标者获得的是线路运营及管理权，政府拥有公交基础设施（如场站、枢纽、车站）以及经营性资产——公交车辆和车队管理系统。陆路交通管理局拿出三个标（约为现有公交运营服务的20%）试点，其他现有公交运营服务则继续由现任的经营者运营。

三、德国：基于公私合营的政府购买服务模式

德意志联邦共和国位于欧洲中部，国土面积35.7万km^2，由16个联邦州组成，被称为"欧洲的心脏"。德国为联邦州管县体制，城市分为特大城市、大城市、中小城市。除由联邦政府直接管理的国家铁路以外，没有专门的客运长途汽车，只有城市和区域性的公共交通系统。特大城市、大城市的公共交通方式有地铁、轻轨、公共汽车等；中等城市的公共交通方式有轻轨、公共汽车等；小城市的公共交通有轻轨、公共汽车。出租车数量较少，一般为电话预约，在公共交通中所占份额很小。大城市与周边中小城市之间一般采用轻轨和公共汽车等方式连接。

城市公共交通是联邦州和城市、县政府的职责。联邦州政府主要负责法律的制定和对市、县公共交通补助经费的下拨，城市、县政府负责公共交通设施规划、公共交通建设用地规划、公共交通具体管理规章制度的制定等。在政府与公交公司之间，设有交通联盟（Transport Community，简称为TC）。各联邦州均有交通联盟，受州政府委托，管理公共交通具体事务。特大城市、大城市和实施公共交通区域化合作的城市之间也设有交通联盟，受城市政府委托，管理城市和区域公共交通系统。公共交通管理要符合法律和地方性法规的规定，并坚持透明、不歧视原则。

德国城市公共交通公司分属不同企业，且在交通方式上又分为地铁、轻轨、公共汽车等，以致德国城市公共交通运行体系较为复杂。在交通联盟的协调下，各公共交通公司在各自负责的线路上按商定的时刻表运行。每个公交站点都张贴所有停靠本站点公共交通线路运行时刻表。各公共交通线路及各班次车辆均能保证其准点率，乘客只要在时刻表所列发车时间前赶到车站，肯定能赶上想乘坐的班次；如车辆提前运行至某站点，则会

等候至准点时刻出发。这样，一方面可以保证轨道交通在运行时不会在轨道使用上产生冲突，另一方面确保赶班次换乘旅客能准时换乘车辆。另外，在一个公共交通系统内，注重有轨交通与公共汽车之间的衔接。尤其在换乘站，有轨交通车辆一般都要与对应班次公共汽车衔接后才发车，确保换乘旅客不脱班次。

公交票价一般由交通联盟制定，仅有一个公交公司的城市或县，票价由公交公司制定。城市公共交通有各种票务方式，乘客可以选择一次性买票或购买月票。月票在一个城市内可以乘坐所有公共交通车辆。月票一般按公共交通运行区域划分，划分方法为：以一个大中城市为中心，按一定半径划分运行区域，每个半径范围内的月票价格不同。各公共交通线路班次间隔时间为6~15min不等。在城市中心地段，因为公共交通线路交叉等原因，在高峰时段，乘客2min左右就能等候到可以乘坐的车辆。

在城市公共交通服务的管理中，德国政府委托交通联盟行使相应的管理职能，形成政府、交通联盟、私人部门三方合作。交通联盟兼具政府职能和企业性质。交通联盟的管理职能是公共交通发展规划的制定、分配和划拨政府补贴、编制定期预算、签订公共服务合同等。交通联盟的生产职能是负责交通基础设施的建设、采购公交设备、广告服务推销、培训工作人员等。交通联盟的服务职能是负责制定统一价目表、分配票款收入等。

政府预先对公交公司的运营服务线路、服务质量、服务方式等作出详细规定，通过公开招标方式，在各投标单位中，将运营权给予采用最低票价投标的一家或多家竞标公司。采取公开招投标方式选择运营公司，可以防止暗箱操作，以减少公交补贴，使成本最低、效率最高的公交企业获得运营权。另外，政府可以直接指定与其保持长期良好合作关系的公交公司，专门经营某一线路。在德国某些城市如柏林等，对于城市交通运营商的选择没有招投标过程，而是由政府直接授予运营权。

例如，法兰克福（Frankfurt am Main）拥有65万居民，位于德国西部。2001年9月该城市成立了新的公共交通管理机构——traffiQ。该机构负责整个法兰克福的公共交通网络，包括7条地铁、7条电车线路和52条公交线路。在traffiQ之前，交通规划由当地运营商Verkehrs Gesellschaft Frankfurt am Main（VGF）承担，市议会通过VGF运营交通网络。根据欧盟关于招标的法律要求，招标组织机构和运营机构必须是分离的，因此该地区交通运营控制权都被移交到traffiQ，市议会不再经营交通网络。traffiQ负责的事宜包括：财务、招标和签约、设立质量标准、营销、各种公共交通服务之间的协作和对信息中心的管理。

  引入竞争性招标的目标包括：提高公共交通在运输总量中的比例、质量标准和降低成本。为保证服务质量，需要建立一套激励机制。目前法兰克福市已经对公交车制定了严格的环保指标——欧6标准（Euro Ⅵ）和EEV。关于对整个公交网络进行竞争性招标的提案将公交网络分成五个部分，每年对一个部分进行招标。

  在德国，政府同样为公共交通提供补贴，这一措施的前提是：公共交通是公益事业，是为获得社会效益而提供的。在德国，由于小汽车比较普及，即使不提供公共交通，私人汽车也可以满足各种出行的需要。但公共交通具备的少能耗、轻污染、小噪声以及道路高使用效率的优势，私人汽车均无法比拟。基于保护环境、提高社会效益的目的，德国政府利用多种激励方式，鼓励居民尽量利用公共交通，尽量减少私人车辆的数量，特别是在市中心。因此，德国建立了四通八达的公共交通网络。

  然而，为实现上述目的，必须保证使用公共交通的低成本，票价不能过高。为此，政府为公共交通提供补贴，以降低票价。在对居民消费行为进行充分研究的前提下，中标企业提供的运营价格与被公众接受的、所谓的"有吸引力的票价"进行比较，最终由政府确定补贴数量。除此之外，针对不同的交通方式，如公交汽车和地铁，政府制定不同的补贴措施，鼓励市民选用公共交通。德国有城市交通财务法，城市公共交通运营企业据此都能得到政府的财政补助。以公交公司为例，票款收入约占公交公司收入的40%，联邦州和城市或县政府的补助比例占公交公司收入的50%以上。

德国模式的特点包括：

（1）德国城市公交服务的公私合作实践表明，利用社会中介机构代行一定政府职能，采用招标方式选择运营企业，并在公私合作过程中重视公共交通的统一管理，在充分发挥市场机制的调节作用的同时，政府还须为公共交通提供补贴，保证公私合作模式的顺利实施。

（2）德国大部分城市采用公开招投标的方式选择公交运营企业。政府预先对公交公司的运营服务线路、服务质量、服务方式等作出详细规定，通过公开招标方式，在各投标单位中，将运营权给予采用最低票价投标的一家或多家竞标公司。

（3）通过设立交通联盟，行使相应的管理职能，形成政府、交通联盟、私人部门三方合作。交通联盟兼具政府职能和企业性质，负责公共交通发展规划的制定、交通基础设施的建设、分配和划拨政府补贴、制定统一价目表、进行票款收入分配、编制定期预算、签订公共服务合同等。

四、经验总结

伦敦、新加坡和德国的政府购买服务案例与我国的《政府购买服务管理办法》的要求基本吻合，其核心点是：政府与企业之间通过合同方式真正建立起了买卖双方平等的责任与权利关系。

政府的责任与权利：一是合理制定公交服务标准；二是提供公共交通运营所需的基础设施等必要条件；三是对服务数量与质量进行监督与考核；四是按时、按量向公交企业支付购买费用。

公共交通企业的责任与权利：一是严格按合同约定的数量和质量指标要求提供标准的服务；二是不负责市场外部环境变化（如轨道交通分流）和因政府制订的服务标准因素（线网设计不合理、冷线过多）而带来的客流减少责任。

双方共同的责任与权利：双方公平、公正、公开地协商服务定价、合理回报、绩效考核与激励机制。

第二节　城市公交运价及调价经验

一、新加坡公共交通运价及调价

新加坡目前拥有领先水平的城市公共交通系统，研究其先进的公共交通发展模式、特色的公共交通票价调整机制，对于推进我国城市公共交通运价及调节机制的建立具有重大的理论价值和借鉴意义。

1. 新加坡公共交通运价

为使公共交通系统更便捷、更便于换乘，新加坡于2010年开始实施基于里程的票制。新加坡公共交通成人全价票价水平为交叉补贴票价水平，即票款收入总体上能够覆盖公共交通运营者运营成本，并使其获得一定的利润。在这一票制下，出行者仅需支付基于起点至终点的总里程的费用，换乘次数不限。同时，新加坡公共交通主管机构在官方网站上设有票价计算器，可根据出行方式及出行距离，帮助乘客在线测算出行费用。

公共交通出行费用是基于出行者出行总距离来测算的（无论乘坐公共汽、电车交通或者轨道交通）。这种基于出行距离的综合性定价机制能满足不同出行者的需要，同时避免出行者因为换乘而产生额外的费用。例如，一个出行者如果想直达目的地，而不在乎路程更长或等待时间更久，那么他可以选择一种可以直达的交通方式；而另一位出行者如果想更快到达目的地，那么他可以选择多次换乘，而不需要支付额外费用。

乘客获得公共交通出行折扣需要满足以下条件：

（1）需要使用EZ-Link 或 NETS FlashPay 充值卡；

（2）单次出行换乘次数不超过5次，每次换乘间隔不超过45min；

（3）单次出行时间不超过2h；

（4）单次出行只能乘坐一次火车；

（5）单次出行过程中，同一公交只能乘坐一次。

老年人享受25%的出行折扣，超过7.2km的出行实行一票制，而不再按距离收费。儿童和学生享受50%的出行折扣，超过7.2km的出行实行一票制，而不再按距离收费。老人、儿童、学生在上下车时均需刷卡。

2. 新加坡公共交通运价调节机制

新加坡于1998年建立了规范的公共交通运价调节机制，制定了运价调节公式，公式运算结果为运价调整上限。当经济环境有下滑趋势或者出行者票价支付能力明显下降，公共交通主管部门将启动票价调节机制。新加坡公共交通运价调节公式于2005年重新进行了优化，进一步平衡了公共交通运营者与公共交通出行者的利益。

（1）1998年初次设定公共交通运价调节公式。

1998年，新加坡制定了一个公共交通运价调整公式，建立了公共交通运价调节机制，目的是激发公共交通运营者的积极性，保证公共交通运营者的可持续发展。

该时期运价调整公式为：票价调整上限=$CPI+X$。其中，CPI（消费者物价指数，Consumer Price Index）是指前一年消费价格指数的变化，X是指生产率进步分享。

（2）2005年以后的公共交通运价调节公式。

1998年制定的运价调整公式于2005年被重新优化，将宏观经济指标，如CPI、工资指数（WI，全国月平均工资变化指数）纳入测算体系。

票价调整公式为：票价调整上限=价格指数$-X$=$0.5CPI+0.5WI-X$，其中，2005—2012年，X设定为1.5%。

（3）新加坡公交票价调整模型的简单评价。

新加坡票价调整的上限模型控制了票价的增长幅度，使广大乘客受益，同时补偿了运营者在营运过程中结构性成本的增长。由此体现出一种权衡思想，即权衡经济效益和社会效益两个方面。票价调整模型体现了以下基本原则：票价必须反映现实，根据合理的成本增长进行票价的调整；确保公交运营者的运营收入大于运营成本；在资产的替代更新上必须有一个可持续的政策。

新型票价调整模型弥补了传统调价模型的缺陷，将生产率提高的因素从X里提取出来，单独考虑物价和生产率的因素，并将物价分为CPI和WI两种指标。在公交运营者的成本结构中，人力成本占比最大，大约占了总成本的一半，因此，将工资的变化从价格指数中单列出来，将工资成分的权重系数设定为50%。这样，就可以更为真实地反映公交运营者成本的变化情况。公共交通运营者成本中另一半是保养、汽油和折旧等，它们的价格变动可以通过CPI来反映，因此，CPI的权重系数设定为50%。

（4）新加坡公共交通票价调节后的票价水平。

2010年至今，基于票价调节公式年运算结果，新加坡公共交通委员会（The Public Transport Council，PTC）分别于2011年、2014年、2015年、2018年、2019年提高了公共交通票价，于2015年、2016年降低了公共交通票价。新加坡公共交通2019年成人票价见表4-2。

新加坡公共交通成人票价（2019年12月28日生效）　　表4-2

乘坐距离（km）	刷卡价格（美元）				现金价格（美元）		
	常规公交	地铁/轻轨 工作日 早7:45前	市中心线/东南线轻轨	公交快车	常规公交	市中心线/东南线轻轨	公交快车
3.2以内	0.92	0.42	0.92	1.52	1.70	1.70	2.50
3.3~4.2	1.02	0.52	1.02	1.62	1.90	1.90	2.50
4.3~5.2	1.12	0.62	1.12	1.72	1.90	1.90	2.50
5.3~6.2	1.22	0.72	1.22	1.82	1.90	1.90	2.50
6.3~7.2	1.31	0.81	1.31	1.91	2.10	2.10	2.50
7.3~8.2	1.38	0.88	1.38	1.98	2.10	2.10	2.50
8.3~9.2	1.44	0.94	1.44	2.04	2.10	2.10	2.65
9.3~10.2	1.48	0.98	1.48	2.08	2.30	2.30	2.65
10.3~11.2	1.52	1.02	1.52	2.12	2.30	2.30	2.65
11.3~12.2	1.56	1.06	1.56	2.16	2.50	2.50	2.80
12.3~13.2	1.60	1.10	1.60	2.20	2.50	2.50	2.80
13.3~14.2	1.64	1.14	1.64	2.24	2.50	2.50	2.80

续上表

乘坐距离（km）	刷卡价格（美元）				现金价格（美元）		
	常规公交	地铁/轻轨 工作日 早7:45前	市中心线/东南线 轻轨	公交快车	常规公交	市中心线/东南线 轻轨	公交快车
14.3~15.2	1.68	1.18	1.68	2.28	2.50	2.50	2.80
15.3~16.2	1.72	1.22	1.72	2.32	2.60	2.60	2.95
16.3~17.2	1.76	1.26	1.76	2.36	2.60	2.60	2.95
17.3~18.2	1.80	1.30	1.80	2.40	2.60	2.60	2.95
18.3~19.2	1.84	1.34	1.84	2.44	2.60	2.60	2.95
19.3~20.2	1.87	1.37	1.87	2.47	2.70	2.70	3.10
20.3~21.2	1.90	1.40	1.90	2.50	2.70	2.70	3.10
21.3~22.2	1.93	1.43	1.93	2.53	2.70	2.70	3.10
22.3~23.2	1.96	1.46	1.96	2.56	2.70	2.70	3.10
23.3~24.2	1.98	1.48	1.98	2.58	2.80	2.80	3.30
24.3~25.2	2.00	1.50	2.00	2.60	2.80	2.80	3.30
25.3~26.2	2.02	1.52	2.02	2.62	2.80	2.80	3.30
26.3~27.2	2.03	1.53	2.03	2.63	2.80	2.80	3.30
27.3~28.2	2.04	1.54	2.04	2.64	2.80	2.80	3.30
28.3~29.2	2.05	1.55	2.05	2.65	2.80	2.80	3.30
29.3~30.2	2.06	1.56	2.06	2.66	2.80	2.80	3.30
30.3~31.2	2.07	1.57	2.07	2.67	2.80	2.80	3.30
31.3~32.2	2.08	1.58	2.08	2.68	2.80	2.80	3.30
32.3~33.2	2.09	1.59	2.09	2.69	2.80	2.80	3.30
33.3~34.2	2.10	1.60	2.10	2.70	2.80	2.80	3.30
34.3~35.2	2.11	1.61	2.11	2.71	2.80	2.80	3.30
35.3~36.2	2.12	1.62	2.12	2.72	2.80	2.80	3.30
36.3~37.2	2.13	1.63	2.13	2.73	2.80	2.80	3.30
37.3~38.2	2.14	1.64	2.14	2.74	2.80	2.80	3.30
38.3~39.2	2.15	1.65	2.15	2.75	2.80	2.80	3.30
39.3~40.2	2.16	1.66	2.16	2.76	2.80	2.80	3.30
超过40.2	2.17	1.67	2.17	2.77	2.80	2.80	3.30

3. 新加坡政府对自身公共交通运价调节机制的反思

新加坡在服务质量方面，建立了专门的服务质量评估体系，如果公共交通运营者达不到考核要求，就要被处罚。在运营成本方面，建立了运营成本扶持体系，比如基础设施成本由政府承担，实施减免税政策等，减轻运营者的成本压力。在价格方面，运价调整公式测算结果将影响运价调节幅度，PTC也会去平衡公共交通出行者与公共交通运营者的利益。新加坡政府内部对于公共交通运价调节存在很多争论，其中一个最重要的方面就是如何平衡服务质量、运营成本及票价三者的关系，以及如何使公共交通可持续发展。PTC会跟踪分析历年的票价变化情况以及评估特定人群的票价承受能力（该部分人群是从新加坡2/5的家庭中选出来的）。此外，贫困家庭会得到政府发放的公共交通抵用券，以此降低其公共交通出行成本，这些抵用券由公共交通基金提供，基金来源为公共交通运营者及政府。

那么一般家庭如何应对票价上涨？是否应该由成人承担大部分的票价上涨幅度，以此来保证更多出行群体的利益呢？

新加坡政府也意识到，对公共交通出行者来说，票价调整（更多指上涨）都会影响到他们的日常生活。新加坡年度调查表明，所有的公众都对现行公共交通服务质量及票价感到满意，同时，公共交通运营者也可以持续经营，但是运价调整公式显示应该调整票价，PTC通过分析也认为应该调整票价，然而公众对此表示反对。因此，如何能让公众真正参与到运价调整的过程中，了解运价调整的原因，同时又能让运价调整公式更有说服力，更能得到公众认可，是未来面临的挑战。

二、首尔公共交通运价及调价

1. 首尔公共交通运价

公共交通票制改革前，首尔公交票制体系单一，不能很好地满足出行需求的变化，引起了公共交通出行的不公平及整个交通系统的低效率。以地铁为例，地铁收费标准不够合理，经常使短程出行者的出行费用高于远程出行者。此外，跨城市的票价标准也不合理。同时，首尔市公共交通票款收入过低，无法覆盖住运营成本，首尔市政府采用提价来弥补亏损，反而引起了公共交通服务质量的下降。

为进一步提高公平性、改善公共交通企业营收状况，首尔市政府对票价体系进行了改革，改革的导向是公共交通票价政策须有利于提高公共交通分担率、提高民众出行便捷性、通过差别化的票制来避免不公平性、提供更多样的服务，最终首尔实施了按里程计价、免费换乘的票价体制。乘坐公交车只要换乘不超过5次，换乘车外滞留时间不超过30min，累计里程10km以内只收800韩元，每超过5km以内加收100韩元。同样，乘地铁12km以内收800韩元，每超过6km以内加收100韩元。公交车换乘地铁或地铁换乘公交车，按照公交车计价标准收费。乘客可以选择用智能卡或现金支付，但用现金支付的乘客不享受免费换乘的优惠。首尔的T-money卡、GPS技术、公交管理系统（BMS）使这种完全基于里程的收费成为现实，乘客不需要再为换乘支付基础运费。

首尔还通过提供多种票款折扣来降低公共交通出行成本负担，如基于时间的差别票价体系，通勤票、单日免费通行和综合票，公共交通票制结构更加多样化，民众出行将更加方便，同时出行成本也有所下降。

这种票价制度以出行距离为计价依据，构建了丰富的票价体系，并提供一定时间内的免费换乘，其优点在于能够细分乘客群体，不使用统一的模式，能够极为有效地提高公共汽、电车交通的乘客人数，确保公交企业的运营收入在其运营成本之上，实现社会效益和经济效益的整体最大化。

2.首尔公共交通运价调节

韩国首尔市议会法规授权首尔市政府，随着经济发展，每两年可对公共交通基准票价调整一次。调价要求一般由企业和协会向政府管理部门提出，经审核向总统报告后由市长批准执行。尽管不需要市议会批准，但为了减少阻力，市政府也会征求市议会意见。

首尔公共交通运价调节需要关注以下几项重要指标，一是公共交通财务指标，即票价政策应能提高票款收入，防止票款收入流失，最小化票款收集成本，通过预付收费体系来改善财务状况；二是管理/接受度指标；此外，票价政策应具有可操作性，便于实施。

三、我国香港公共交通运价及调价

1. 我国香港公共交通运价

香港地面公交票价根据线路不同由2.5~48港元不等。设置换乘优惠点278个，换乘优惠最低为0.5港元，最高达26.2港元。

香港轻轨成人单程票价4.5~6.5港元，使用八通卡为成人4.1港元起价，以每3站为进制，22站以上6.5港元。儿童及学生使用八通卡票价为2~3.2港元，老年人使用八通卡单程票价2港元。地铁成人单程票价4.5~48港元，学生及老人特惠单程票价为3~23.5港元，学生八通卡票价为2.6~39.6港元。乘坐地铁后在指定地点可享受免费轻轨和公交接驳服务。

香港特别行政区政府（以下简称政府）综合考虑市民的接受程度和负担能力，对主要公共交通方式的票价实行政府管制，确保收费水平合理。综合行政长官会同行政会议厘定车费等级表，考虑的因素有：

（1）路线的路程长短；

（2）服务的性质；

（3）路线的服务地区；

（4）乘客的需求模式及公交类型；

（5）其他有关的因素。

2. 我国香港公共交通运价调整机制

香港多年来采取了一种允许公交公司随通货膨胀率提价的机制，而其他运输方式的价格则根据其与公交公司竞争的需要相应调整。对公共交通票价实行可加可减的调整机制，公交公司可以自行决定何时提交加价申请，政府也有权启动票价下调机制。香港特别行政区运输署（以下简称运输署）每季度通过公式计算票价可调整的幅度。票价调整依据的公式为：

可依据的票价调整幅度=0.5×运输行业工资指数变动+0.5×综合消费

物价指数变动–0.5×生产力增幅，在以上公式中，生产力增幅在2013年前取值为0，之后至2016年取值为0.1%。

政府调整票价必须考虑的因素包括：

（1）上述公式的计算结果；

（2）自上次调整票价以来企业经营成本和收益的变动；

（3）对企业未来成本、收益和回报的预测；

（4）公交公司需要得到合理的回报率；

（5）民众的接受程度和负担能力；

（6）企业的服务质量。

倘若在某一年，整体票价调整比率在±1.5%范围内，将不会进行票价调整，而未有调整的百分率将于下一年度进行票价检讨时被计算在内。

若申请提价的香港公交公司通过该公式算出的数值超过2%时，则公交公司可提出加价申请。其中，运输行业工资与综合消费物价共同构成了影响票价的总成本，并且认为两者在总成本中各占50%的比例，因此，公式中前两个成本项的调节系数各取0.5。无论如何取系数，前两项的系数之和一定为1。

无论是哪方提出调价，整个过程都需要几个月的时间。因为期间要经历票价调整幅度计算、各影响因素的测算、政府听取交通咨询委员会和立法会的意见、行政长官会同行政会议审议、决定后政府向公众和立法会解释等过程。

不仅如此，如果公交公司当年利润率高于固定资产平均净值回报率（9.8%）超过1%（政府核定），政府会责成公交公司必须在12个月内提供票价优惠；若超过不足1%（含1%），则由公交公司决定在适当的时候降低加价幅度或提供票价优惠。

这种既保证企业有合理回报，又尽可能让利于民的票价调整机制，一方面保证了企业经营的积极性和可持续发展，另一方面保障了市民的利益，实现了政府、企业和社会多赢。

以上公式会成为票价调整的评估起点，运输署每季度根据公示计算结果，监察票价可调整的幅度。公交公司可自行决定何时提交加价申请，而政府亦有权启动票价下调。政府会听取交通咨询委员会及立法会意见，行政长官会同行政会议决定最终的票价调整幅度。行会有决定后，政府会向公众及立法会解释如何比较各参考指标并公开公交公司当年及预测票价调整后的回报率。

按照公共交通调价机制和流程，香港地铁和公交不定期进行价格调整，并在运输署、公交企业网站上进行公示，见图4-1。

交通通告

九龙专线小巴第5M号调整车费

市民请注意，九龙专线小巴第5M号线将于2022年1月30日（星期日）起调整车费，详情如下。

路线	现时车费	新车费
第5M号线 窝打老道山（学馀里）–旺角站（循环线）	＄4.9	＄5.3

专线小巴营办商会于总结、沿途各站及车厢内张贴通告，通知乘客有关改动。

图 4-1　运输署公布的价格调整通告

四、美国公共交通运价及调价

美国公共交通票价水平大幅低于公共交通实际成本票价，票款收入不足以弥补实际发生的运营成本，国家、州、城市各级财政均给予资金进行补贴，保证了美国市民以低廉的公共交通出行成本获得普遍公共交通服务。

同时，美国公共交通平均票价基本上处于逐年上升的趋势，说明美国政府会根据经济、社会发展水平的变化，适时、适量地进行公共交通票价调整。

1. 美国公共交通运价

美国公共交通系统中，通勤铁路的运营距离最长，票款收入所占比例最高。公共交通运营公司之间的票价水平不一，但基本上公交票价水平较低，轻轨和重轨票价水平相当。公共交通运营公司都实施了自动化收费系统，约有1/2的公司现在使用磁卡收费，约有1/4的公司使用数字化智能卡收费。

2010年美国公共交通出行达102.18亿人次，其中公交承担了51.4%的公共交通出行，其次是重轨和通勤铁路，占比分别为34.7%和4.5%。虽然公交承担了主要的公共交通出行任务，但是其平均运行速度最低，20.7km/h，平均票价也最低（见图4-2）；轨道交通票价水平较公交略高，平均运行速度大约为32km/h；而用于连接城区及郊区的通勤铁路虽然只承担了4.5%的公共交通出行，但其平均运行速度最快可达53km/h，票价水平也远高于其他公共交通出行方式，见表4-3。

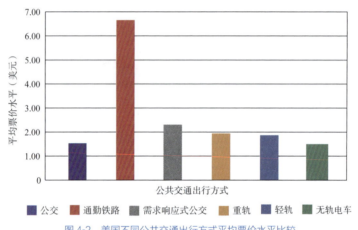

图4-2　美国不同公共交通出行方式平均票价水平比较

美国2010年公共交通票款收入分类表　　　　表4-3

项　　目	公交	通勤铁路	需求响应式公交	重轨	轻轨	无轨电车	总计
票款收入（百万美元）	4997.3	2248.7	485.7	3965.7	412.2	80.1	12556.1[②]
每人次平均票价[①]（美元）	0.95	4.84	2.56	1.12	0.90	0.81	1.23
成人最高现金票价[①]（美元）	7.00	25.00	6.25	2.25	2.50	2.25	25.00
成人平均现金票价[①]（美元）	1.53	6.66	2.31	1.95	1.87	1.50	1.97
成人中等现金票价[①]（美元）	1.50	3.75	2.50	2.00	2.00	1.88	1.75
成人最低现金票价[①]（美元）	0.00	2.25	0.00	1.40	1.00	0.00	0.00
高峰时段额外收费的公共交通系统占比[①]（%）	6.0	21.4	—	7.7	14.3	25.0	6.3
换乘额外收费的公共交通系统占比[①]（%）	28.1	0.0	—	46.2	33.3	100.0	30.1

续上表

项　目	公交	通勤铁路	需求响应式公交	重轨	轻轨	无轨电车	总计
基于距离/区域的额外收费的公共交通系统占比[①]（%）	23.9	57.1	—	30.8	23.8	0.0	19.9
智能卡收费的公共交通系统占比[①]（%）	21.6	21.4	—	61.5	33.3	25.0	24.6
磁卡收费的公共交通系统占比[①]（%）	55.3	17.6	—	64.3	41.7	50.0	49.4

注：① 数据来源于2011年美国公共交通协会公共交通票价数据库。
　　② 还包括未列出的其他公共交通出行方式的票款收入，3.741亿美元。

美国公共交通运营资金来源于多个方面。在2000—2010年，该资金一直保持上涨趋势。通过对资金结构进行分析发现，美国公共交通票价水平总体低于实际运营成本。其中，2010年，票款收入为147亿美元，占总运营资金的38%。直接收益及地方政府资金占28%，州政府资金占25%，联邦资金占9%。美国2010年公共交通资金来源见表4-4，美国不同公共交通方式的运营成本趋势见图4-3，票价水平变化趋势见图4-4，票款收入占运营资金的比例见图4-5。

美国2010年公共交通资金来源（单位：百万美元）　　表4-4

种类	公共交通运营企业资金			政府资金					资金总额
	票款收入	其他收益	总额	直接收益	地方	州	联邦	总额	
投资资金（百万美元）	—	—	—	5852.5	2099.0	2536.9	7336.1	17824.4	17834.4
投资资金所占比例	—	—	—	32.8%	11.8%	14.2%	41.2%	100.0%	100.0%
运营资金（百万美元）	12566.1	2118.9	14675.0	2548.8	8457.9	9760.8	3674.6	24442.1	39117.2
运营资金所占比例	32.1%	5.4%	37.5%	6.5%	21.6%	25.0%	9.4%	62.5%	100.0%
资金总额（百万美元）	12556.1	2118.9	14675.0	8401.3	10557.0	12297.7	11010.6	42266.6	56941.6
资金所占比例	12556.1	3.7%	25.8%	14.8%	18.5%	21.6%	19.3%	74.2%	100.0%

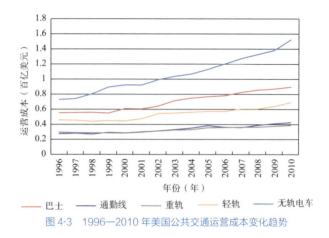

图 4-3 1996—2010 年美国公共交通运营成本变化趋势

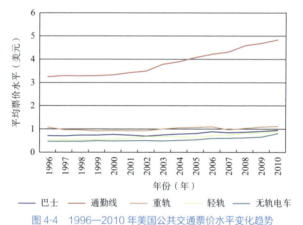

图 4-4 1996—2010 年美国公共交通票价水平变化趋势

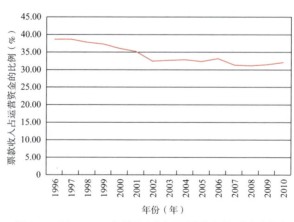

图 4-5 1996—2010 年美国公共交通票款收入占运营资金的比例

2.美国公共交通调价机制

在1996—2010年美国大部分公共交通每人次平均票价水平虽然增长缓慢,但一直保持平稳增长趋势,其中公交每人次平均票价2010年比2009年上涨了0.04美元,见图4-6。美国历年公共交通每人次成本票价占比见图4-7。

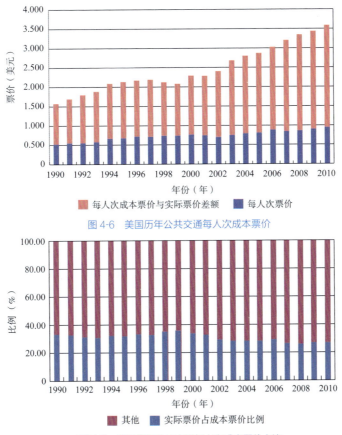

图4-6　美国历年公共交通每人次成本票价

图4-7　美国历年公共交通每人次成本票价占比

五、英国伦敦公共交通票价运价及调价

1.英国伦敦公共交通运价

英国伦敦公共交通票制结构层次合理、特点鲜明,不同区域不同时段的票价均不相同,刷卡乘车可获得更多优惠。同时,主管机构还制定了单

日乘车收费上限,发行了周卡、月卡、年卡,进一步降低公共交通出行频率高的人群的出行成本,以此鼓励市民更多地乘坐公共交通出行。以地铁为例,地铁票价在高峰时段的收费比非高峰时段的水平高;在1区,高峰时段单日出行8.40英镑封顶。伦敦市公共交通票制结构详见表4-5及表4-6。

伦敦成人地铁票价表(部分)(单位:英镑)　　表4-5

区域	现金	Oyster Card①单日出行票价结构				旅　行　卡				
		高峰时段单次出行	非高峰时段单次出行	高峰时段收费上限	非高峰时段收费上限	单日无限次通行	单日非高峰期无限次通行	周卡	月卡	年卡
1区	4.50	2.10	2.10	8.40	7.00	8.80	7.30	30.40	116.80	1216
2区	4.50	2.80	2.10	8.40	7.00	8.80	7.30	30.40	116.80	1216
Euston－2区	4.50	2.20	2.10	8.40	7.00	8.80	7.30	30.40	116.80	1216
1-3区	4.50	3.20	2.70	10.60	7.70	11.00	8.00	35.60	136.80	1424

注:① 伦敦地区的交通卡,也称牡蛎卡。

伦敦成人公共汽、电车票价表(部分)(单位:英镑)　　表4-6

单次现金收费	Oyster Card		公交及有轨电车		
	一次出行费用	全天出行费用上限	7天卡	月卡	年卡
2.40	1.40	4.40	19.60	75.30	784

2.英国伦敦公共交通调价机制

2012年11月初,伦敦市长鲍里斯·约翰逊宣布从2013年1月2日开始,伦敦的地铁和公交车票价全面上升,平均涨幅4.2%。

以地铁为例,在高峰期(除周末之外6:30—9:30,16:00—19:00)单程成人票价的充值卡Oyster Card价格从2.7英镑涨至2.8英镑,日票价格也增加了40便士到8.8英镑。如家住伦敦3区,一年的地铁费用则会增加56~1424英镑。公交车单程车票也从1.35英镑涨到1.4英镑;使用现金购票的价格则从2.3英镑上涨到2.4英镑;周票的成人价格,从之前的18.8英镑涨到19.6英镑。

六、经验总结

总体来看，国际城市公共交通定价、调价机制较为系统完善，能够综合考虑各方面因素，建立了公共交通票价、企业运营成本和物价水平的联动机制，并根据城市经济发展状况、物价水平和劳动工资水平，及时调整公交票价。

1. 实施低于实际成本票价的公共交通票价

从新加坡、韩国、美国、法国等国家及我国香港特别行政区的实际情况可以看出，公共交通作为一项基本出行服务，得到了政府的财政扶持，其票价均低于公共交通实际成本票价。美国2010年公共交通票款收入约占当年公共交通运营成本的38%，法国2007年公共交通票款收入约占当年公共交通运营成本的38%；新加坡、我国香港特别行政区通过多种渠道给予公共交通税费减免等扶持政策，直接降低了公共交通企业的运营成本，间接为市民提供了低于实际运营成本的公共交通票价。

2. 建立了科学的公共交通运价调节机制

从以上经验可以看出，公共交通发展水平较高的国家或地区均建立了公共交通运价调节机制，随着经济、社会的发展，公共交通票价水平均处于上升趋势，其中，新加坡、我国香港特别行政区的票价调节机制更为规范，充分考虑CPI（消费指数）、工资水平、生产力进步等经济发展因素，将票价与成本有效地连接起来，设定了调价启动条件，建立了能够反映公共交通运营成本变化的调价公式来测算调价幅度，制定了科学的票价调整办法，形成了一种动态的票价联动机制，充分体现了市场经济规则，兼顾了城市公共交通企业的发展与公众的承受力。

3. 形成了多层次的公共交通票制结构

英国伦敦公共交通票制结构最具有代表性，其根据乘车区域、乘车时段、出行特点，建立了多层次的公共交通票制结构：公共交通出行越多，获得的票价优惠越多；高峰时段出行成本高于其他时段出行成本。这种票制结构充分考虑了出行公平，引导民众合理规划自己的公共交通出行，鼓励市民更多地乘坐公共交通，为疏导公共交通客流、提高公共交通系统效率起到了积极的作用。

第三节 城市公交服务质量考核经验

20年来，发达国家对城市公共交通（以下简称公交）服务水平进行了系统和周密的研究，形成了较完整的体系。在这些国家，城市公交服务水平的指标体系已成为编制城市公交规划的重要依据，也是政府主管部门为公交企业制定运营任务和目标的工具，更是市民对城市公交服务进行监督和评价的标准。

公交企业必须提高公共交通的服务质量和服务水平，才能更好地吸引市民使用公共交通工具。建立服务质量监管评估制度，是实现这一目标的有力保障。发达国家或地区对城市公共交通的服务质量监管细致而全面，除了制定相关服务质量标准外，还制定了激励服务质量提升的政策，保证国民享受到良好的公共交通服务。我国建立服务质量监管评估制度可从以下几个方面借鉴经验。

一、制定细致的服务标准

城市公共交通发展水平较高的国家或地区，其对公共交通的监管，很大程度上依靠一套全面的服务标准，内容涵盖了线路设计、运营车辆、运行保障、司乘人员服务、乘车舒适度等与公共交通服务相关的所有方面，甚至还包括对场站、配套服务设施完备程度的规定。

新加坡公共交通委员会的公共交通服务标准主要内容包括线路规划、线路直达性、线路可达性、地铁站与公共汽车接驳、线路长度（如长度大于25km的线路所占比例不超过20%）、与计划发车频率的吻合度、公共汽车载客量（如高峰期平均公共交通车辆载客量少于核定载客量的80%）、空调公共交通车辆所占比例（最少占80%）、提供线路信息（发布于公共交通停靠站，提供下一班车发车时间的相关信息）、电话和网站服务。

韩国政府制定了全面的公共交通服务质量考核标准，包括运行管理、服务质量、运营改善三个大的方面，每个方面都有详细的考核明细，并规定了考核的周期。其中，运行管理部分的考核指标包括安全运行指数、运营中运行延迟车辆考核、劳动者福利指数、公交管理系统（BMS）运行管理四项；服务质量部分的考核指标包括市内公交服务满意度调查、市内公交运行时态考核、柴油车辆污染度考核三项；经营改善部分的考核指标包括引进天然气公交等、驾驶行业人工费节俭度及改善度、劳动关系争议及违反实例、CNG（压缩天然气，Compressed Natural Gas）柴油费用改善度考核、财务健全性、现金收入管理及透明性、经营健全性七项。对应每一项考核指标都制定了详细的可操作细则、量化办法。

我国香港特别行政区地下铁路条例明确规定，公司必须按照政府制定的服务水平营运，衡量服务水平的主要指标有两个：（1）列车服务供应——把列车每月实际班次与计划班次进行比较；（2）列车服务准时程度——把每月准时的列车班次与实际列车班次进行比较。其他指标还包括车厢舒适度、自动售票机、出入闸机、扶手电梯及乘客升降机的可靠程度等。运输署具体负责监管。

我国台北市制定了"台北市联营公车营运服务指标评定基准"，关于场站、营运、营运人员、乘车舒适度、环保、服务监督等方面都有具体指标。场站方面有站场空间指标；营运方面有发车准点性指标、过站不停比率指标、公车服务可靠度指标、行车安全管理指标、行车肇事率指标；营运人员方面有驾驶员服务态度与仪容指标、驾驶员遵循路线指标；乘车舒适度方面有驾驶平稳性指标、车内咨询服务设施指标、车容整洁指标、舒适与噪声指标；环保方面有环保品质指标；服务监督方面有行车稽查服务指标、民众申诉服务态度指标、提升公交车服务品质系列活动指标。

二、明确奖励和处罚措施

为加强公共交通企业在提升自身服务质量方面的积极性，激励和处罚措施也是必不可少的。伦敦市对公交行业提出了严格的服务标准，对服务不合格的公司，将进行一定的经济制裁和其他处罚，甚至吊销营业许可证；而对服务优良的公司则给予经济奖励和相应的政策优惠。

巴西库里蒂巴市的处罚措施是根据企业违反规定的情节轻重，实行下列惩处：对违规主体予以口头和文字警告、临时或永久性地调离、扣留年审证、罚款、书面警告、吊销准运证。违反两条或两条以上者，无论其性质如何，各条并罚。批准运营的公司在受处分之后若不交罚款，可以从政府补贴资金中扣除。

在法国巴黎，巴黎交通组织机构通过公共服务授权，与运营公司签订经营合同。合同与服务质量相关的主要内容，是对全年服务量和服务质量的要求。其中，对全年服务量的要求，考虑到客观情况可能会有一些变化，允许实际完成的服务量与基准服务质量有3%~4%的容差，视不同地区或车种而定。如果不能完成且超出允差范围，则要罚款。对服务质量的要求共有22项指标，每一项都有年度目标，达到目标要求的既不奖也不罚；超过目标的有奖励，达到上限目标值时奖励为最大；达不到目标要处罚，降到下限目标值时罚款为最大。

三、服务质量与企业利润率挂钩

除了制定公共交通服务标准约束企业服务质量外，公共交通发展成功的国家或地区还同时制定提升服务质量的激励措施，其中，将服务质量与政府保证企业获得的利润率挂钩，是最直接刺激企业主动提升自身服务质量的办法。

法国巴黎的公共交通运营公司与巴黎大区交通管理委员会签订的合约形式大致是经营者除承担产业风险外，还承担部分商业风险，有一定的创新空间，这种中期合约确定了提供的服务和报酬分配基础，以及改善交通和服务质量的奖励。韩国首尔市正在尝试根据招投标服务合同要求，建立线路和企业退出机制。2008年首尔市政府将成果利润的比例提高到30%，约为210亿韩元，希望通过调节成果利润的比重激励企业提高服务质量。库里蒂巴客运公司必须按指定路线提供服务，城市公共交通公司有权根据客户和运营公司的需要，制定规划和运输系统的合理安排。客运公司要按照城市公共交通公司确定的技术和运营标准实施客运服务，其标准同获准运营公司的报酬挂钩。

四、建立多渠道服务质量反馈和监管机制

对服务质量指标的检查评定是服务标准体系的重要部分，也是质量管理的基本手段，负责质量检查的人员开展定期调查和评价，并提出改进服务的建议，是促进城市公共交通服务质量不断改进、日趋完善的重要保障措施。

新加坡通过公共交通委员会邀请公众通过网络、民意调查等途径直接反馈意见，由此确定各公共交通公司的服务质量。对不符合要求的公司，公共交通委员会有权进行处罚。若乘客连续2年对某公共交通公司投诉，且问题比较集中，如在高峰时段等待时间过长或车辆过度拥挤等，公共交通委员会将给予该公司一定的制裁。

我国香港特别行政区通过多种渠道加强对专营权线路的服务监管。香港特别行政区政府（以下简称政府）直接参与的方式主要有政府派代表出席企业董事会、香港特别行政区运输署署长与相关公司定期召开例会、组织服务调查、要求公司呈报营运资料；乘客政府共同参与的方式主要有乘客满意度调查，来自区议会、传媒以及市民的意见和投诉等、乘客投诉数据及乘客满意度调查。直接对专营公交服务水平的评估主要通过车队出车率、落实各服务项目的进度两方面来加以考察。通过监管，如发现相关路线或公司存在服务水平低下的情况，政府将视情况采取罚款、取消个别线路专营权、不延续专营权、甚至取消整个企业专营权等措施。

伦敦交通服务顾客委员会通过调查顾客投诉，对公共交通系统开展独

立研究，通过保持与公共交通调度员的经常性对话，评估公共交通站点的增设或关闭的可行性及实施时间等，监督伦敦公共交通政策的全面落实。委员会召开的所有会议都对公众开放，在其网站上市民可提交意见，还能了解委员会调查项目的进展或结论。此外，伦敦政府公共交通管理部门每年会派出多名公共交通客运监督员，这些监督员带着摄像机在伦敦各条公共交通客运线路上对公共交通人员的服务态度、驾车规范、车辆状况、事故处理和乘客反映等进行现场考察，其拍摄的资料均作为评定公共交通运营商经营管理优劣的重要依据。

第五章
CHAPTER 5

基于成本规制的财政补贴制度体系

第一节　国家宏观政策分析

一、优先发展城市公共交通

2012年，国务院印发《国务院关于城市优先发展公共交通的指导意见》（国办发〔2012〕64号）。该文件对"完善价格补贴机制"提出了具体指导意见："综合考虑社会承受能力、企业运营成本和交通供求状况，完善价格形成机制，根据服务质量、运输距离以及各种公共交通换乘方式等因素，建立多层次、差别化的价格体系，增强公共交通吸引力。合理界定补贴补偿范围，对实行低票价、减免票、承担政府指令性任务等形成的政策性亏损，对企业在技术改造、节能减排、经营冷僻线路等方面的投入，地方财政给予适当补贴补偿。"强调了价格体系的多层次、差别化，明确了对实行低票价、减免票、承担政府指令性任务等形成的政策性亏损，政府应给予补贴补偿。

关于公共交通服务，该文件强调："加快建立健全城市公共交通发展绩效评价制度，国务院有关部门研究制定评价办法，定期对全国重点城市公共交通发展水平进行绩效评价。各城市要通过公众参与、专家咨询等多种方式，对公共交通企业服务质量和运营安全进行定期评价，结果作为衡量公交企业运营绩效、发放政府补贴的重要依据。"

二、转变政府公共服务供给方式

财政部《关于进一步做好政府和社会资本合作项目示范工作的通知》（财金〔2015〕57号），精炼地阐述了政府和社会资本合作（PPP）模式的两个主体的关系和权利与义务：PPP是在基础设施及公共服务领域政府与社会资本建立的一种长期合作关系。社会资本承担设计、建设、运营、维护基础设施的大部分工作，并通过"使用者付费"及必要的"政府付费"获得合理投资回报；政府部门负责基础设施及公共服务价格和质量监管，以保证公共利益最大化。

《国家发展改革委关于开展政府和社会资本合作的指导意见》（发改投资〔2014〕2724号）明确指出，政府和社会资本合作（PPP）模式是指政府为增强公共产品和服务供给能力、提高供给效率，通过特许经营、购买服务、股权合作等方式，与社会资本建立的利益共享、风险分担及长期合作关系。

《关于政府向社会力量购买服务的指导意见》（国办发〔2013〕96号）要求按照十八大提出的全面深化改革相关要求，进一步转变政府职能，更好发挥市场在资源配置中的决定性作用，以更有效率的供给方式提供基本公共服务。该文件明确了基本公共服务领域实施政府购买服务的总体方向及政府购买服务的基本要求。

三、推进政府购买服务

《政府购买服务管理办法（暂行）》（财综〔2014〕96号）第十四条将"公共交通运输"纳入了政府购买服务指导性目录的基本公共服务类别，第三十一条要求："……对购买服务项目数量、质量和资金使用绩效等进行考核评价"。明确了政府购买公共交通服务必须就服务的数量、质量及资金使用效率进行考核评价。第三十四条明确提出："购买主体应当加强服务项目标准体系建设，科学设定服务需求和目标要求，建立服务项目定价体系和质量标准体系，合理编制规范性服务标准文本。"强调了政府对拟购买的服务需要明确需求和目标，并且编制反映质量标准的规范性服务标准文本。文件还强调了推进第三方评价的要求："财政部门应当按照建立全过程预算绩效管理机制的要求，加强成本效益分析，推进政府购买服务绩效评价工作。财政部门应当推动建立由购买主体、服务对象及专业机构组成的综合性评价机制，推进第三方评价，按照过程评价与结果评价、短期效果评价与长远效果评价、社会效益评价与经济效益评价相结合的原则，对购买服务项目数量、质量和资金使用绩效等进行考核评价。评价结果作为选择承接主体的重要参考依据。"

政府购买服务是政府服务提供方式的重大创新，强调从"养人办事"提供服务向"花钱买服务、办事不养人"转变，这种契约化服务提供方式具有权责清晰、结果导向、灵活高效等特点。

《财政部 交通运输部关于推进交通运输领域政府购买服务的指导意见》（财建〔2016〕34号）明确城市公共交通运输服务可通过政府购买方式，逐步交由社会力量承担。

2020年修订的《政府购买服务管理办法》（中华人民共和国财政部令第102号），对政府购买服务的主体、对象、内容等方面作出了制度规范，明确六类事项不得作为政府购买服务内容：一是不属于政府职责范围的服务事项；二是应当由政府直接履职的事项；三是政府采购法律、行政法规规定的货物和工程，以及将工程和服务打包的项目；四是融资行为；五是购买主体的人员招、聘用，以劳务派遣方式用工，以及设置公益性岗位等事项；六是法律法规及国务院规定的其他事项。以上第二至六项中，属于政府职责范围的事项，应当通过符合国家法律法规规定的规范方式实施。

四、深化预算管理改革

2014年9月发布的《国务院关于深化预算管理制度改革的决定》（国发〔2014〕45号）提出"健全预算标准体系。进一步完善基本支出定额标准体系，加快推进项目支出定额标准体系建设，充分发挥支出标准在预算编制和管理中的基础支撑作用。"以及"加强政府购买服务资金管理。政府购买服务所需资金列入财政预算，从部门预算经费或者经批准的专项资金等既有预算中统筹安排，支持各部门按有关规定开展政府购买服务工作，切实降低公共服务成本，提高公共服务质量。"

《国务院关于进一步深化预算管理制度改革的意见》（国发〔2021〕5号）

明确,进一步深化预算管理制度改革主要遵循以下原则:一是坚持党的全面领导。将坚持和加强党的全面领导贯穿预算管理制度改革全过程。坚持以人民为中心,兜牢基本民生底线。坚持系统观念,加强财政资源统筹,集中力量办大事,坚决落实政府过紧日子要求,强化预算对落实党和国家重大政策的保障能力,实现有限公共资源与政策目标有效匹配。二是坚持预算法定。增强法治观念,强化纪律意识,严肃财经纪律,更加注重强化约束,着力提升制度执行力,维护法律的权威性和制度的刚性约束力。明确地方和部门的主体责任,切实强化预算约束,加强对权力运行的制约和监督。三是坚持目标引领。按照建立现代财税体制的要求,坚持目标导向和问题导向相结合,完善管理手段,创新管理技术,破除管理瓶颈,推进预算和绩效管理一体化,以信息化推进预算管理现代化,加强预算管理各项制度的系统集成、协同高效,提高预算管理规范化、科学化、标准化水平和预算透明度。四是坚持底线思维。把防风险摆在更加突出的位置,统筹发展和安全、当前和长远,杜绝脱离实际的过高承诺,形成稳定合理的社会预期。加强政府债务和中长期支出事项管理,牢牢守住不发生系统性风险的底线。

五、深化国有企业改革

中共中央、国务院2015年印发《深化国有企业改革的指导意见》。在该指导意见中特别提出了对"推进公益类国有企业改革"的有关要求:"公益类国有企业以保障民生、服务社会、提供公共产品和服务为主要目标""对公益类国有企业,重点考核成本控制、产品服务质量、营运效率和保障能力,根据企业不同特点有区别地考核经营业绩指标和国有资产保值增值情况,考核中要引入社会评价。"

《国务院关于改革国有企业工资决定机制的意见》(国发〔2018〕16号)要求分类确定工资效益联动指标,对主业以保障民生、服务社会、提供公共产品和服务为主的公益类国有企业,应主要选取反映成本控制、产品服务质量、营运效率和保障能力等情况的指标,兼顾体现经济效益和国有资本保值增值的指标。

六、相关政策解读

（1）按照国家关于转变政府公共服务供给方式、推进政府购买服务相关政策导向，在公共交通运输领域应该加快改进与创新服务供给方式，逐步推行"政府购买服务"是行政管理体制改革的大方向。

（2）公共交通运输领域的"政府购买服务"具有自身的特点：一是"市场化"运作导向。逐步培育结构健全、规模化经营的承接主体和适度竞争的市场结构。二是"规范化"程序运行。要求按照公开、公平、公正原则，以委托、采购等形式按照部门预算和政府采购的程序、方式组织实施，建立起项目申报、项目审核、预算编报、组织采购、过程监控、绩效评价的规范化流程，制订购买服务的数量与质量标准，并以合同形式明确规定政府与企业的责任与权力，且双方必须具有履行合同的契约精神。三是"科学化"绩效评价。要逐步建立由购买主体、服务对象及第三方专业机构组成的综合性评审机制，对购买服务项目数量、质量和资金使用绩效等进行综合绩效评价，评价结果作为以后年度预算安排和承接主体选择的重要依据。近年来，随着我国政府机构改革和政府职能转变的大力推进，部分城市启动了政府购买公共交通服务的实践。

（3）根据《国务院关于城市优先发展公共交通的指导意见》（国发〔2012〕64号）关于"完善价格补贴机制"的要求，各地应综合考虑城市规模、城市发展定位、城市公共交通供求关系等因素合理确定城市公交功能定位，既要坚持基本公共服务成本定价的基本原则，也要兼顾市场化定价的公平与效率原则。配合以大容量交通为骨架、中运量交通及常规公共交通为主体、特色公交为补充的公共交通出行服务体系建设，加快建立多层次、差异化的公共交通价格体系。突出城市居民基本公共服务特征，根据自身的财政能力，量力而行对公共交通整体运行给予适度补贴，在保持对特殊人群票价优惠的基础上，加大对通勤人群的优惠力度，保障居民的基本出行需求；在票价、票制、票种设置上应区分不同的服务目标群体，提高政府公共交通财政补贴效率，强化公共交通定价对交通出行方式选择的调节作用。

第二节 政府支出责任分析

确立城市公共交通优先财政扶持政策的基本思路是：在城市公共交通优先发展战略的指引下，按照基本公共服务均等化的要求，进一步理顺政府与市场的关系，确立政府支持城市公共交通发展的重点领域；根据各地城市公共交通优先发展的主要矛盾，有针对性加大财政政策支持力度；在系统梳理公共交通事权的基础上明确各级政府间支出责任划分；建立"财力与事权相匹配"的公共交通财政制度，形成促进城市公共交通发展稳定的资金来源渠道；优化财政支持方式，提高财政政策支持城市公共交通发展的效果。

一、扶持领域界定

如前所述，城市公共交通优先包括在交通体系中的优先、便于老百姓出行优先和薄弱环节优先三个层次的优先。城市公共交通的正常运营，直接支撑着城市经济和社会活动的有序运转，也直接影响着城市的生产和生活。因此，城市的健康发展，离不开城市公共交通的优先发展。城市公共交通与城市发展方向、用地布局紧密相关，没有大运量、快捷的公共交通出行方式，城市想要达到理想的空间布局几乎是不可能的。伴随城镇人口的增加和交通需求的增长，建立区域公共交通体系，能更好地联系城市与周边地区，促进两者的协调发展。可见，优先发展公共交通不仅是解决城市交通的需要，而且是优化城市布局、推动中国特色城镇化发展的本质要求。

由于城市公共交通具有公益性和经营性的双重特征，因此在明确公共交通优先战略的前提下，要进一步理顺政府与市场的关系。一方面，城市公共交通是城市交通的主要载体，也是政府为市民提供公共服务的具体体现，具有很强的公益性，因此在公共交通优先战略中必须强调政府的直接责任和主导作用；另一方面，城市公共交通的企业化经营有利于提高城市公共交通的效率。因此，实施公交优先战略也要强调促进企业自身加强管理，确保公交与其他交通方式相比保持低成本优势，为公交企业正常运营和健康发展打下基础。政府在实施公交优先战略中的作用主要体现在以下几个方面：一是建立城市公共交通法规标准体系，为优先发展城市公共交通提供法制保障；二是制定和出台城市公共交通规划，指导和规范城市公共交通事业的发展，落实优先发展公共交通的政策；三是支持城市道路和公共交通设施建设，为优先发展公共交通创造良好的硬件环境；四是对公共交通企业的政策性亏损进行适当补贴，以保证居民能享受到优质且低廉的公共交通服务，为公共交通优先战略提供政策保障。

二、扶持强度研判

公共交通作为公共服务应该由公共财政给予大力扶持。城市公交作为一个基础性、服务性行业，它关系到百姓的生产生活和社会的稳定与发展，因而它离不开财政政策的支持。一方面，公益性是城市公共交通这个特殊行业的基本属性，公交线路偏僻与否，政府都有责任提供给城市居民出行的便利，因此促进城市供公共交通发展，财政具有不可推卸的责任，只有加大财政政策支持力度，才能使城市公共交通发挥城市所需要的最佳的综合效益。另一方面，城市公共交通是与人民群众生活息息相关的重要基础设施，政府加大对公共交通的财政政策支持力度，实质上是加大对民生的支持力度，是政府改善民生、解决民生的重要载体。要让公共交通成为市民首选的出行方式，公共交通必须快速、便捷、准点。因此，加大对公共交通的财政政策支持力度，符合公共财政的基本目标。

加大对城市公共交通的财政支持力度对于所有地区来说都是有必要的，但是需要强调的是，不同地区财政政策支持的重点和方式存在较大的差别。对于经济比较发达的大中型城市来说，城市公共交通需要解决的突出矛盾是交通拥堵问题，需要科学合理地制定城市公共交通定价机制，运用经济手段来实现公共交通优先发展。而对于经济发展比较落后的中小城镇，公共交通优先发展需要解决的问题不是拥堵问题，而是公共交通从无到有、从点到面的问题，让居民能够享受便捷和廉价的公共交通服务。因此，面对不同地区公共交通优化发展的需求差别，财政支持政策要有所区别，应做到突出重点，有的放矢。

三、扶持责任划分

城市公共交通的事权比较复杂，从大的方面来看，城市公共交通系统一般包括地面交通系统和轨道交通系统。这两大系统中的事权又分别包括决策权、支出责任、日常管理和监督等事权。而其中的支出责任又分为土建、新购设备、设备维护、人员经费支出等内容。此外，从公共交通基础设施建设方面来看，既涉及综合性、关键性枢纽站点与线路建设，也包括场站、路牌、停车站点、公交专用道、快速公交系统（BRT）、公交智能化等方面的建设。

对于城市公共交通的各项事权，各级政府均应承担相应的责任，这也是国际通行的做法，例如美国1964年颁布的《城市公共交通法》规定，地区交通规划项目由联邦政府资助60%，部分联邦公路基金专项用于公交项目。但是公共交通各项事权及支出责任如何在各级政府之间划分，则必须在系统梳理各项事权的属性的基础上，根据以下原则进行划分：一是受益范围原则。城市公共交通的受益范围虽然大部分在一个城市辖区之内，因为乘坐城市公共交通的大部分是本城市的居民，但城市公共交通的受益范围也有一定的外溢性，例如，关键性枢纽工程涉及城市公共交通与城市间交通的对接。此外，城市公共交通作为城市的名片，必然影响到城市对周边地区的辐射带动作用，从这个意义上说，也具有一定的外溢性，因此上级政府也应该承担相应的责任，实现城市公共交通的外溢性内在化。二是效率优先原则。从政府提供公共产品的成本、效率以及便于民众接受和监督的角度考虑，将贴近公民需要的公共权力和资源配置与管理的具体事务交给相应级次政府，可以提高公共资源配置效率，保证政府把有限资源用到最需要的地方。城市公共交通事权和问题有的在城市所在的地方政府层面就可以解决，因为地方政府更熟悉当地的实际情况。但有的事权和问题则需要更高层次政府进行协调解决。总的来说，城市公共交通还是以城市政府投入为主，中央和省级政府投入为辅。

四、扶持制度建立

城市公共交通事权和支出责任划分基本明确之后，需要进一步确立这些事权和支出责任如何得到有效的资金保障。

由于政府间税收和非税收入权限比较固定，因此各级政府之间的财权划分相对较为稳定，通过调整财权来与政府间城市公共交通事权和支出责任匹配难度较大。但政府间的财力调整是可以相对灵活的，可以有效解决那些"有财权无财力"的现象，上级政府以"最后拨款人"的身份来平衡各级政府和各地区的财力状况，在提高城市公共交通事权保障能力的同时，可以有效实现公共服务的均等化目标。

形成促进城市公共交通发展稳定的资金来源渠道，需要各级政府和相关部门共同努力。对于上级政府来说，需要按照基本公共服务均等化的原则，根据城市公共交通的资金需求和政府间责任划分，完善财力下移机制，在转移支付中提高城市公共交通发展相关因素的权重，并配合考核机制和奖励机制，促进地方政府加强城市公共交通基础设施建设，改善城市公共交通服务水平；其次，在转移支付机制中，需要贯彻"委托-代理"关系中委托方的战略意图，上级政府要通过专项转移支付制度，以保证下级政府在城市公共交通发展的理念和方式上符合更广泛和更高层次上的利益需求。对于各级交通运输部门来说，需要调整交通投资在城市公共交通和其他道路之间的比重，更加重视对于城市公共交通的投入。对于城市所在的地方政府而言，也要按照城市公共交通优先发展的原则，积极调整自身的财政和投资方向，加大对城市公共交通的投入力度。

五、扶持方式选择

财政政策支持社会事业发展一般可供利用的手段包括预算投入政策、国债投入政策、专项基金政策、财政补贴政策、财政贴息政策、财政担保政策、税收优惠政策及政府采购政策等。财政政策支持城市公共交通要尊重市场规律,坚持财政"有所为有所不为"的基本原则,主要作用于市场机制难以发挥作用的领域和环节上。而且由于财政资金是有限的,特别是在一些地方财政困难的条件下,更重要的是发挥财政资金"四两拨千斤"的作用。因此,财政政策支持要根据城市公共交通的特点和发展规律,不断创新和优化财政支持方式,必须利用和丰富发展各种杠杆性财政政策工具,如财政补贴、贷款贴息、财政担保、以奖代补、政府采购、税收优惠等,形成对城市公共交通企业的激励约束机制。同时积极探索各种形式的PPP模式,鼓励社会资本以合资、合作或委托经营等方式参与城市公共交通投资、建设和经营。

当然,优化财政支持方式,通过财税政策积极引导社会资金投入城市公共交通领域并不是推卸政府的投入责任。在当前情况下,设立城市公共交通发展专项资金、建立服务质量为导向的公共交通成本-票价-财政补贴联动机制非常有必要。从长远来看,在加大政策倾斜、增加财政对城市公共交通投入力度的同时,应探索从政府补贴向政府购买的转变,以体现公益性和市场化的有机结合,保证公共产品的供应和促进城市公共交通服务水平的提升,实现资源优化配置。

第三节 城市公交补贴制度框架体系设计

城市公交行业的公益特性决定其服务于城市生产、流通和居民生活的各项事业,也决定了政府对其进行补贴,而补贴制度的设计要从城市发展实际出发，综合考虑社会效益、环境效益等，运用经济学、财政学、博弈论等基础理论进行设计，从委托代理理论角度明确政府和公交企业间的关系，以补贴理论为基础分析公交补贴的资源配置结构、供需影响和相对价格结构，从博弈的角度平衡公众、企业和政府间的利益关系，以政策目标、激励相容和资源有效配置为导向设计成本规制制度，以激励相容和资源有效配置为导向设计补贴制度，以政策目标和激励相容为导向设计服务质量考核制度。城市公交补贴制度设计思路见图 5-1。

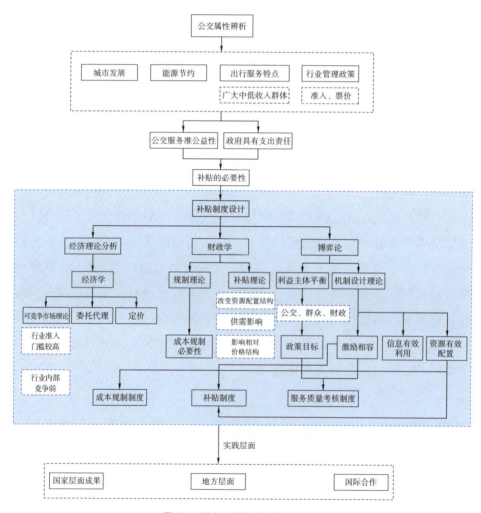

图 5-1 城市公交补贴制度设计思路

《中华人民共和国预算法》中规定按照"一级政府、一级财政"的模式配置了五级财政体系。政府间事权划分有三个基本理论原则：公共服务供给应该行政责任明确化；事权划分应根据规模、财源划分给最有能力完成任务的行政层级；应该把事权划分给恰当的最低层级的行政层级。城市公共交通投资规模巨大，很难将事权（主要指支出责任）完全委任给某一个政府层级，这一点也是世界主要国家（城市）划分城市公共交通事权的普遍共识。政府间事权划分应该按照"事权"的四个构成要素合理分解事权。

第一是决策权。地面交通的决策权应该由中央政府、省级政府和城市政府三方共同承担。在决策权多级共担格局中，城市政府承担主要的决策职能，比如城市地面公共交通基础设施建与不建、建大建小等由城市政府决策，但是如果城市地面公交投资项目需要争取中央政府或省级政府建设资金支持，就需要在项目立项阶段获得中央政府或省级政府的批准，这两级政府由此行使立项审批权，地面公共交通的政府间决策是一种"并联"关系。

第二是支出责任。支出责任可以细分为新建投资、更新改造投资、日常的经营性支出三部分。针对地面交通而言，大城市的大型公交枢纽建设等土建支出应该由中央、省（自治区、直辖市）、市共同负担，新购设备支出应该由省级财政和城市政府共同负担；更新改造支出由省级财政和市级财政共同负担；日常的经营性支出由城市财政负担。轨道交通中中央财政应该承担更多的支出责任，土建、新购设备以及更新改造支出应该由中央、省（自治区、直辖市）、城市三级财政共同负担；日常经营性支出由城市财政负担。

第三是日常管理。无论是地面交通还是轨道交通，无论是大城市还是中小城市，公共交通的日常管理责任都应该划分给城市政府。

第四是监督权。对城市公共交通的监督应该是全方位、多层次的，应由中央政府、省级政府和城市政府三级共同承担。城市公共交通的政府间事权划分见表 5-1。

城市公共交通的政府间事权划分　　　　　　　表 5-1

主要事权		中央	省、自治区	城市	
				大城市	中小城市（含县及县级市）
地面交通（不含轨道交通）	决策权	√	√	√	√
	支出责任 土建支出	√		√	√
	支出责任 新购设备支出		√	√	√
	支出责任 设备维护及保养支出			√	√
	支出责任 主体建筑更新改造及主要设备更新支出		√	√	√
	支出责任 人员及公用经费等经常性支出			√	√
	支出责任 人员培训支出			√	√
	日常管理			√	√
	监督	√	√	√	√

以上情形适用于一般的地级市，对于直辖市，只有中央和城市两级政府共同负担。

不仅如此，中央政府还承担着不同区域内地方政府的财力均等化职责。因此，除上述公共交通事权划分属于中央政府的职责而需要中央政府承担必要的财政支出责任外，本着科学合理的原则，中央政府还肩负着因地方政府财政能力不足影响公共交通优先发展的财力补偿责任，即所谓的"财力均等化职责"。因此，一方面，中央政府的事权以及与此相关的支出责任首先在于按照上述事权划分承担重点项目建设（诸如一些综合性、关键性枢纽站点与线路建设）的专项支出职责；另一方面，要把公共交通的便捷与便利明确纳入政府公共服务均等化的考核范围，通过均衡性转移支付方式，弥补地方政府因财力不足造成的公共交通保障能力的不均衡，满足居民的基本出行，这也可以称之为"满足基本出行的公共交通均等化补贴"，以此推进地方政府提高城市公共交通的出行分担率，让公交优先发展成果惠及全体城乡居民。

第四节 国家层面财政扶持体系设计

一、设施层面

目前，中央及地方政府每年的交通财政投入主要用于公路、铁路干线和农村道路建设等方面，特别是城市建设中的固定资产投资更多投向道路和桥梁等基础设施建设。为落实城市公共交通优先发展战略，应积极调整财政投资方向，将城市公共交通作为重要的投资范围，适当提高城市公共交通投资在交通投资中的比例，加大对城市公共交通基础设施建设的投入力度。具体做法是通过中央和省级政府的资金引导，督促城市政府将城市公共交通列入城市政府财政预算性支出科目，建立稳定的城市公共交通财政投入机制，并承担主要支出责任。

为尽快形成中央、地方共同推动城市公共交通发展的合力，有效加大各级财政对公共交通的资金倾斜力度，参照国际经验，建议国家设立城市公共交通引导性专项资金，并将其作为一种常态化的财政保障工具，引导地方政府加快公共交通发展。资金来源可考虑从燃油税增量及其他资金（如中央财政超收的一定比例、与小汽车使用有关的税费）中提取。

资金主要投向大容量公共交通、综合客运枢纽、公交信息化、节能减排、安全保障、政策法规及标准制定、重大技术创新和城乡公交一体化发展等方面，推动城市提升公共交通服务质量、提高行业管理水平等。

交通运输部将公交都市创建活动作为落实公共交通优先发展战略的重要载体，将通过政府主导、规划先导、政策引导等方式推进创建城市转变交通发展方式，加快建立以公共交通为导向的城市发展模式，促进城市发展与城市交通的良性互动，缓解城市交通拥堵。公交都市创建活动得到了城市政府的积极响应，但是目前还缺乏中央层面的引导性资金支持。建议城市公共交通引导性专项资金对公交都市创建城市给予适当倾斜，使创建城市合理优化公共交通投资结构，进一步提高投资质量，保障公交都市建设目标的实现。

二、运营层面

在当前国家节能减排和大气污染防治的工作要求和能源调整的战略布局下，迫切需要统筹优化城市公交车补贴政策，调整补贴结构，形成能够真正鼓励绿色低碳车辆应用、限制燃油公交车增长的机制，引导公交行业形成以节能和新能源车为主导、燃气车为补充，逐渐淘汰燃油车的车辆结构，促进公交行业绿色、健康、稳定、可持续发展。

保持现有城市公交车燃油补贴及新能源公交车补贴政策不变，将天然气公交车纳入城市公交车补助范畴，地方可统筹使用中央下达的城市公交车补助资金，用于各类公交车的运营补助，包括燃油公交车、新能源公交车和天然气公交车等。按照国家能源战略要求，制定中央财政补贴资金分配的基本原则，使得新能源车补贴标准高于燃气车，燃气车的补贴标准高于燃油车，并由地方政府根据当地实际确定比例系数，由地方政府统一安排。

待国家财税体制改革措施到位后，车购税、成品油消费税等税种改为地方税，中央财政可不再另外安排资金对公交车进行运营补助，但应强化相关税收用于城市公交行业补贴等政策要求。按照相关政策要求，地方政府可从车购税、成品油消费税等与小汽车使用成本相关联的税费收入中统筹安排资金用于补贴城市公共交通行业。

第五节 国家层面产业政策扶持体系设计

一、综合开发政策

2012年12月，国务院发布了《国务院关于城市优先发展公共交通的指导意见》（国发〔2012〕64号）（以下简称《指导意见》），从规划衔接、保障用地、加强监管、鼓励立体开发、综合开发收益使用等方面提出具体要求，加强城市公共交通用地综合开发。

《指导意见》发布后，各地积极研究落实城市公共交通用地综合开发政策，上海、深圳、南京、杭州等多个城市先后开展了公交用地综合开发的探索和尝试，并取得了一定成效。但总体来看，我国城市公共交通用地综合开发尚处于探索阶段，多种规划衔接不畅、综合开发用地使用权确权政策不完善、综合开发扶持政策缺乏等问题十分突出，严重影响了我国城市公共交通用地综合开发相关工作的开展，阻碍了城市公共交通资源利用效率和服务水平的提升，亟需完善顶层制度设计，明确工作重点，提高相关政策的可操作性。

一是建立公交导向的综合开发模式。编制城市总体规划时，应倡导公共交通导向的城市发展模式。加强控制性详细规划、城市综合交通体系规划和公共交通规划之间的有机衔接，做好用地控制和预留，优先保障城市公共交通用地。

二是创新推动新增城市公共交通用地综合开发。提出根据设施功能分层确定用地使用权，利用城市公共交通用地进行地上、地下空间综合开发。在附属商业设施配建、容积率、土地供应条件设置方面，加大城市公共交通用地综合开发项目的政策扶持力度。

三是积极推动现有城市公共交通基础设施综合开发。鼓励城市积极推动有条件的存量城市公共交通场站进行地上地下空间综合开发。对于城市公共交通企业自有产权场站，涉及行政划拨用地使用权出让（租赁）或转让的，允许城市公共交通企业依规补缴土地出让金（租金），办理协议出让或租赁手续。

四是加强城市公共交通用地综合开发项目的统一联建。强调综合开发项目配建的城市公共交通设施应与主体工程同步建设、及时无偿移交。鼓励新建城市公共交通用地综合开发项目按有关标准和规定，同步配建停车场、出租车换乘区、非机动车停车区和电动汽车充电设施等附属交通设施。

五是建立城市公共交通用地综合开发收益反哺机制。针对城市公共交通企业对自有场站实施综合开发、城市公共交通企业与其他开发主体共同实施综合开发、其他开发主体单独实施综合开发三种情况，设计不同的综合开发收益反哺机制，保证综合开发收益用于城市公共交通发展。

六是加强城市公共交通用地综合开发项目监管。建立备案制度，供应与新建城市公共交通场站统一联建的综合开发项目用地前，相关信息应向省（自治区、直辖市）国土资源部门备案，并抄送省级相关政府主管部门。各城市应加强项目本金、土地使用标准及建设标准、质量和施工安全等方面的监督管理工作。

二、税费减免政策

公共交通属于公益性企业，应该实行较为优惠的税收优惠政策。按照税法规定，公交企业目前在企业所得税和车船税方面有一定的税收优惠政策。在企业所得税方面，企业从事城市公共交通的经营所得，自项目取得第一笔生产经营收入所属纳税年度起，第一年至第三年免征企业所得税，第四年至第六年减半征收企业所得税。在车船税方面，按照《中华人民共和国车船税暂行条例》的规定，省、自治区、直辖市人民政府可以根据当地实际情况，对城市、农村公共交通车船给予定期减税、免税。有的地方对公交企业采用了这一政策，例如广东省为鼓励和扶持城市、农村公共交通的发展，从2009年起对城市、农村公共交通车船减半征收车船税。

根据国家确立的公共交通优先发展的原则，公共交通应该属于基本公共服务范围，因此对于提供公共交通服务的公共交通企业来说，上述税收优惠政策显然是不够的，建议进一步加大税收优惠政策力度，具体可以考虑以下三个方面：一是公交企业所获得的补贴收入建议免收营业税；二是减免公交企业所用地的土地使用税和房产税；三是建议将非新能源公交车纳入车船税免征范围。税收优惠政策与建立规范的会计制度和成本费用核算制度密切相关，建议财政部和国家税务总局对城市公交企业税收优惠减免范围和标准作出统一的政策性规定。

第六节　城市层面财政扶持机制设计

根据《国务院关于城市优先发展公共交通的指导意见》（国发〔2012〕64号）中"完善价格补贴机制"以及"对公共交通企业服务质量和运营安全进行定期评价，结果作为衡量公交企业运营绩效、发放政府补贴的重要依据"的精神，在城市层面，设计形成"成本-票价-补贴-服务质量考核"联动机制。

一是科学确定票制票价。坚持体现公益性和增强吸引力的原则，兼顾社会效益和经济效益，考虑公交企业成本、城市财力、群众承受能力等因素，科学合理地核定公交票价；兼顾各种公共交通方式之间的合理比价关系，提高公共交通系统的总体运行效率；票制票价和收费方式要有利于不同公交方式的一体化换乘，方便公众出行。加快研究建立城市公交价格动态调节机制，明确城市公共交通调价的前提条件、基本原则、调整方法、调价周期和调整程序等，建立更加灵活、高效的票价调整机制。

二是建立政府与公交企业的成本分担机制。城市公共交通是社会公益事业，推进公交优先发展是政府的重要职责，政府应该从基础设施、路权、用地、财政等方面对公交企业予以支持，把发展城市公共交通事业纳入公共财政保障体系，统筹安排，重点扶持。要加快建立政府-企业合理分担机制，将公共交通基础设施投资、日常运营、承担社会公益性服务、节能减排、应急救援等政府指令性任务等相关成本纳入政府补贴补偿范围。

三是建立规范的公共财政补贴制度及补偿机制。按照"政府购买公共服务"的原则，加快转变公交补贴思路，改进补贴机制，对公交企业提供的各类公共服务进行细化，并根据各类公共服务的提供程度，分别给予不同的补贴。

（1）通过财务会计制度改革，最大限度地界定好经营性亏损与政策性亏损的边界，为科学合理地发放政府补贴提供依据。

（2）按照政府购买公共服务的改革思路，由财政部门、公共交通管理部门等根据公交行业提供的公共服务，通过成本规制等途径，合理确定公交企业的"基本成本"和"基准利润"。在此基础上，分别形成规范的计算方法和补贴模型，由公交企业提供相关的数据，并由第三方机构计算公交补贴额，结合城市公共交通企业服务质量评价结果，最后由政府统筹决策。

这种"政府定公式，企业出数据，财政出补贴"的决策机制，可以较好地提高公交补贴的使用绩效，切实发挥政府财政补贴在城市公共交通发展中的作用。

（3）开展以服务质量为导向的城市公共交通成本-票价-补贴-考核联动机制试验工作。通过试验总结经验，完善政策性亏损因素、成本因素、绩效考核因素等构成的科学合理、充满活力的补贴补偿制度，建立起"民众可支付、财政可承担、企业可发展"的良性发展机制，并在试点的基础上逐步推广。

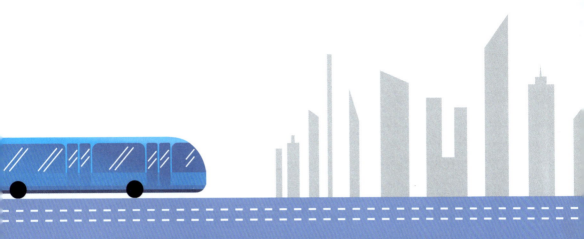

第六章
CHAPTER 6

基于成本规制的财政补贴关键制度

根据经济学、财政学、博弈论等理论，结合城市公交行业特点和发展需要，在借鉴相关国际经验的基础上，提出了我国城市公交财政扶持关键制度，即公交运营成本规制制度、运营财政补贴制度、定价及调整价格制度及产业扶持制度等。制度设计的核心思路为从传统的、相对粗放的补贴方式，向更加规范的扶持方式转变。其中，基本理念是民生优先，效率政府。基本原则是政府主导，市场运作；行业监管，社会共治；创新治理，诚信透明。发展目标是构建更高效、更公平、更透明的城市公交服务供给方式。即以成本规制为基础手段，以服务质量与运营指标绩效考核为核心的财政补贴方式。

第一节 城市公交运营成本规制制度设计

城市公交保障公众基本出行需要，是重要的城市公益性服务，执行低于成本价格的政府定价，根据支出责任划分，地方人民政府应对城市公交行业进行补贴，确保公交运营企业提供的基本服务可持续。政府补贴的基础是如何认定公交企业的成本及收入，公交行业的特点决定了其经营收入主要是票款收入，可较为准确地核定。而由于信息不对称，政府部门很难摸清公交企业的真实运营成本。

由于当前我国较大规模城市的公交运营主体普遍较少且多为国有性质，公交运营企业大多承担了部分车辆购置、场站建设工作，基本不具备退出市场的可能，因此不具备采用招投标方式确定运营主体及运营成本的基本条件。在这种基础上，在我国城市公交行业当前发展阶段，城市公交运营成本规制制度具有很强的可操作性，而且实行的成本较低。

成本规制制度用于规范公交企业运营成本的预算与核定，并作为编制财政预算、核定财政补贴的基础，同时也作为调整公交票价的重要依据。从源头上约束公交企业运营成本的过快增长，同时激励企业自身提高效率，加强成本控制，完善内部财务制度。

制度的核心思路为通过建立成本科目与运营指标的联系，提出约束指标，便于政府相关部门衡量企业成本及运营效率。

成本规制制度主要包括以下关键内容。

一、公交企业运营成本范围

界定公交企业运成本的范围是实施成本规制制度的重要基础，应结合公交企业运营特点，明确与提供公交运营服务直接或间接相关的成本支出范围，剔除无关成本科目。

二、建立成本科目与运营指标关联关系并提出约束指标

公交企业的财务会计成本仅能反映企业运营成本总规模，政府相关部门无法通过会计成本了解公交对成本的控制水平、经营效率等情况。为此，提出在会计成本的基础上，根据公交企业运行特点，通过调整成本科目归集方式，将成本与运营指标相结合，并制定约束指标。城市公交企业运营成本与运营指标的联系见表6-1。

城市公交企业运营成本与运营指标的联系　　　　表6-1

序号	成本类型	相关运营指标	约束指标
1	人员工资总额、工资性支出	车辆数、劳动时间	人车比、平均工资水平等
2	维修、保养材料费	运营里程	单位成本水平（里程）
3	轮胎翻新、更新费	运营里程	单位成本水平（里程）
4	固定资产折旧	无	折旧方法、年限
5	保险费	无	无
6	责任事故损失费	运营里程	单位成本水平（里程）
7	其他直接费用	运营里程、运营车辆数	单位成本水平（里程）

续上表

序号	成本类型	相关运营指标	约束指标
8	管理费用	无	管理费率或绝对值约束
9	财务费用	无	贷款利率及年限

成本规制制度的实施应在国家层面出台相关行业标准，提出公交企业运营成本范围及预算、核定方法和原则。各城市可参照行业标准，根据当地实际情况制定具体办法或实施细则。

第二节 运营补贴制度设计

一、中央层面运营补贴制度设计

2009年1月1日印发的《国务院关于实施成品油价格和税费改革的通知》（国发〔2008〕37号），正式取消了公路养路费等六项收费，同时提高了成品油消费税单位税额。城市公交行业特点决定了燃料成本是公交企业的主要运营成本之一，城市公交行业作为重要的公益性事业，国家应消化油价调整带来的成本负担，减少税费改革对公益性行业的影响。

1. 制度方案设计

成品油价格补贴制度的核心包括用油量核算及补助资金的拨付两方面。这里提出两种具体模式。

（1）模式一：实报实销的供方间接补贴模式。

实报实销的供方间接补贴模式，即"用多少补多少"的补贴资金核算模式，基本思路如下：

$$补贴资金 = 车辆加油量 \times (市场油价 - 政府指导油价)$$

在该模式下，补贴对象为燃油销售企业，国家直接与燃油销售企业合作，给所有城乡客运车辆配发定制的加油卡，"一车一卡、凭卡加油"，经营者使用定制的加油卡到指定加油站点加油，按照2006年的油价基准付费。这样一来，经营业户每加1L油，就享受了1L油的国家燃油补贴。国家与燃油销售企业进行统一结算，根据一段时间内统计的燃油消耗总量及补贴标准，将补贴资金发放给燃油供应商，即供方补贴。这种模式的关键在于以下两个条件。

①建立政府与燃油销售企业间的补贴核算方案。

需制定政府与中石化、中石油等燃油销售企业之间的补助用油量核算方案，统计城乡道路客运车辆加油日期、加油数量，确定结算时间，并根据结算时间段内的补贴标准计算出补贴总金额，并定期结算。

②实行"一车一卡，凭卡加油"制度。

实行"一车一卡，凭卡加油"制度，所有享受燃油补贴的车辆需使用唯一加油卡到制定加油点加油，其他无关车辆不得使用此卡加油，确保只有纳入补贴范围的车辆才可享受政府指导燃油价格。

（2）模式二：基于定额的需方直接补贴模式。

基于定额的需方直接补贴模式，即"跑多少补多少"的补贴资金核算模式，基本思路如下：

$$补贴资金=车辆行驶里程×燃油消耗定额×补贴标准$$

在该模式下，补贴对象为客运企业，根据车辆行驶里程、燃油消耗定额和补贴标准计算补贴资金量。对于燃油消耗标准超过定额的车辆，由企业自行负担超出部分的燃油消耗，而对于燃油消耗标准低于定额的车辆，节省的燃油消耗可作为奖励依旧补贴给企业，从而鼓励企业技术升级、节能降耗。这种模式的关键在于以下条件。

①准确统计车辆行驶里程。

该模式的核心在于车辆基础信息、车辆行驶里程数据的准确采集与统计。车辆基础信息属于静态信息，容易获取且数据质量能得到有效保证。车辆行驶里程信息属于动态信息，可通过行驶记录仪/GPS/驾驶员IC卡/路单等方式准确采集统计，结合信息化与非信息化手段共同做出车辆基础信息、车辆行驶里程数据。

②制定合理的燃油消耗定额标准。

制定燃油消耗定额标准过程较为复杂，需对城乡道路客运车辆燃油消耗水平影响因素进行分析，按照分析结果对城乡道路客运车辆燃油消耗定额分类分级，确定车辆油耗定额分级标准，再对现行车辆燃油消耗量的测量方法进行论证，选取最合适的燃油消耗定额测算方法，制定油耗定额测算方案，并选取代表性地区展开定额测算，根据测定结果数据，最终制定城乡道路客运燃油消耗定额标准。

2. 比选分析

（1）模式一：实报实销的供方间接补贴模式。

经营业户在购买燃油时，直接获得了相应的燃油补贴，不需要等统计期结束后申报燃油消耗总量，核实无误后再下发补贴资金。此补贴模式很好弥补了燃油价格上涨对经营业户带来的成本压力，并彻底消除了燃油补贴发放时间过长对企业经营带来的影响。

但是，此机制仍为"鼓励实报实销"的补贴模式，在经济利益的驱动下，经营者极可能以政府指导价购入燃油后将其挪作他用或转手倒卖，在目前诚信体系及监管体系不完善的情况下，将难以有效避免和遏制该类套取国家补贴的行为。另外，在该补贴模式下，政府需要与燃油销售企业建立相应的工作机制，定时核算城乡道路客运车辆燃油消耗量并与销售企业计算补贴资金。该工作机制涉及交通运输部门、财政部门、燃油销售企业、城乡道路客运企业等多个方面，设计、实施都存在较大风险。

（2）模式二：基于定额的需方直接补贴模式。

该模式要求准确采集统计车辆基础信息、行驶里程数据，合理测定车辆燃油消耗定额。这种模式下，对于燃油消耗标准超过定额的车辆，由企业自行负担超出部分的燃油消耗，而对于燃油消耗标准低于定额的车辆，节省的燃油消耗可作为奖励依旧补贴给企业，从而鼓励企业采用先进技术节能降耗。因此，可有效避免和遏制经营业户为了逐利"多报""虚报"

的燃油消耗量，体现成品油价格补贴发放的公平性与科学性。同时，由于准确获取了车辆的基础信息、行驶里程数据等信息，为交通运输主管部门的行业管理提供了有利的抓手，可进一步促进和提高整个行业的管理水平。

通过上述分析可以发现，基于定额的需方直接补贴模式既可有效避免和遏制经营业户"虚报"用油量，具有较好的公平性、科学性及合理性，又具备鼓励企业技术进步、节能减排的政策导向，应当作为城乡道路客运成品油价格补贴的发展方向。

二、地方层面运营补贴制度设计

1.补贴方案设计

结合国家推行政府购买服务总体要求、国内外成功经验以及我国城市公交发展阶段和特点，提出城市公交运营财政补贴制度，制度的主要目标为弥补公交企业政策性亏损，使其达到盈亏平衡。

补贴制度主要包括以下关键内容：

（1）明确财政补贴的主体和范围。

界定公交运营财政补贴的对象和范围、公交运营企业主体、纳入补贴的线路或指令性任务等。

（2）补贴的预算方法。

补贴预算根据规制成本、票款收入目标、其他业务利润目标和其他专项补贴测算情况进行补贴预算。

（3）补贴的核定方法。

财政补贴根据核定成本金额、票款收入、其他业务净利润目标及绩效考核系数，以公交企业为主体进行核算。

（4）激励机制。

将考核结果与财政补贴进行挂钩，以达到对公交企业的激励作用。可采用正向激励或逆向激励方式进行挂钩。

2.配套机制——服务质量激励机制

通过开展公交企业服务质量绩效考核工作，城市相关部门可对公交企业运营服务目标和标准的完成情况进行客观评价，一方面可为行业主管部门提供抓手，另一方面将考核结果与财政补贴直接挂钩，激励公交企业提升服务质量和效率。

开展运营服务质量考核从"数量"和"质量"两方面确定考核内容；考核的目的是提高服务水平，为公众服务，因此需要以人为本全面体现公众的知情权和参与权；考核过程中需要智能化公交系统进行基础数据采集，因此建立系统的智能化信息平台，提高智能化水平是必须条件；考核是对公交企业提供的运营服务的综合评价。

制度主要内容包括：

（1）建立服务质量评价指标体系。

从计划完成、设施设备、运营安全等多方面考虑，根据城市实际情况（信息化、智能化水平，政府治理能力等）确定评价考核指标，明确每项指标的计算方法，确保指标数据可采集、评价可量化。应在行业层面出台相关行业标准作为地方实际操作的指引。

（2）合理设置指标目标值及权重。

行业管理部门应根据当地公交发展的实际情况、面临的实际问题和短板，合理设置指标的目标值及权重水平，确保实际操作中可获取一个综合性评价得分。

（3）设定挂钩方式。

将考核结果与财政补贴进行挂钩，以达到对公交企业的激励作用。可根据实际情况采用正向激励或逆向激励方式进行挂钩。

第三节 城市公交定价及调价制度设计

根据《中华人民共和国价格法》规定，与国民经济发展和人民生活关系重大的极少数商品价格、资源稀缺的少数商品价格、自然垄断经营的商品价格、重要的公用事业价格、重要的公益性服务价格可采用政府指导价或政府定价。城市公交作为重要的公益性服务，应采用政府定价的方式，确保公众可承受。

目前绝大多数城市均将城市公交价格纳入政府定价目录并实行政府定价。城市公交服务定价流程包括成本监审、方案制定、价格听证、监督检查等，《中华人民共和国价格法》对上述流程作出了相关规定。

成本监审方面的相关政策包括《政府制定价格成本监审办法》（国家发改委令2017年第8号）、《国家发展改革委关于印发〈定价成本监审一般技术规范（试行）〉的通知》（发改价格〔2007〕1219号）。上述文件对政府定价成本监审工作作出了原则性规定，然而当前国家层面并未针对城市公交行业出台定价成本监审细则，导致城市价格部门在成本监审时缺乏具体指引，部分城市甚至没有定期开展定价成本监审工作。

针对公交行业当前存在两个成本口径，即为定价服务的定价成本和为补贴服务的规制成本，由于用途不同、责任部门导致其核定方法存在部分差异。公交运营成本由政府和使用者共同负担，两种成本口径必然导致一方利益受损，因此两种成本口径应采用相同的核定方式，使之合并为同一口径。

当前城市公交价格调整的依据为《中华人民共和国价格法》第二十五条"政府指导价、政府定价的具体适用范围、价格水平，应当根据经济运行情况，按照规定的定价权限和程序适时调整。消费者、经营者可以对政府指导价、政府定价提出调整建议。"然而"规定的程序""适时"等表述过于模糊，导致实际上不具有可操作性。我国大多数城市公交价格已超过10年未进行调整，这是公交企业政策性亏损逐年增大的最主要原因。

建立常态化的公交价格评估及调整机制。重点设置票价评估和调整的启动条件。

（1）启动价格调整的考虑因素。

①调价方程式运算结果；

②自上次调价以来运营企业经营成本和收益变动情况；

③未来成本、收益和回报的预测；

④公交企业需要得到合理的回报率；

⑤市民的接受程度和负担能力；

⑥服务质量考核结果。

（2）价格评估和调整的启动条件。

启动城市公交票价调整机制及调节幅度时，应充分考虑人民群众的承受能力和公交企业实际运营成本水平，城市公交运营成本是影响城市公交运价的核心因素，主要包含人力成本、能耗成本、设备维护费用、折旧、财务费用等与运营直接相关的成本项，不同的成本单项对总运营成本水平的影响程度不同，其中人力成本、能耗费用对总运营成本水平影响最大。人力成本主要受城市经济发展总体水平和行业人力资源供求状况影响，能耗成本及设备维护成本主要受价格指数影响，折旧费则主要受公交企业运力规模和车辆装备水平影响。城市公交票价调节模型应在对城市公交企业主要运营成本项及各成本项影响因素分析的基础上提出。同时，随着社会经济的进步，公交企业在运营成本上涨的同时，也享受到了由此带来的生产效率的提升。因此，在设计票价调节模型时，应借鉴新加坡和我国香港特别行政区经验，除了充分考虑成本因素，还应加入修正因素，在保障公交企业利益的同时，让社会公众共享社会经济进步成果。

最终调价幅度在考虑公交企业票价调节方程式运算结果、自上次调整车费以来经营成本和收益的变动、未来成本、收益和回报的预测、公交企业需要得到合理的回报率、市民的接受程度和负担能力、服务质量因素后，由城市相关主管部门委托独立第三方对票价重新测算。

提出调整标准申请的公交企业需提交调整说明报告，城市相关主管部门协商决定是否批准该申请，处理过程约需数月，行业主管部门若调整票价，也需提交调整说明报告。有关行业主管部门将联合商议票价调整幅度，票价调整幅度初步确定后，需按照国家有关法律要求向社会公开调整原因及调整幅度，并执行听证程序。城市公交价格调整流程见图6-1。

第六章 基于成本规制的财政补贴关键制度 147

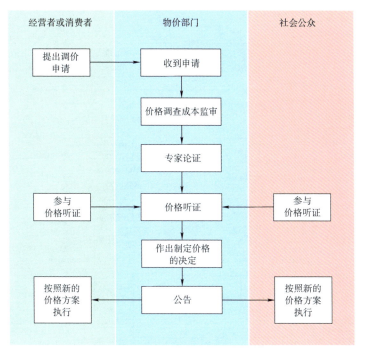

图 6-1 城市公交价格调整流程图

第四节 公共交通发展专项资金制度设计

中央对于公共交通基础设施投资、清洁能源汽车推广、智能交通技术应用等领域具有引导性支出责任，建立公共交通发展专项资金是落实中央政府对于城市公交投入责任的具体举措。

一、总体框架设计

城市公共交通发展基金可以以车购税资金、油补退坡资金及其他中央财政资金为基础，采取政府与社会资本合作模式，吸引社会资本参股基金，共同对公共交通进行引导性投入。城市公共交通发展基金在满足国家支持公共交通发展政策取向的基础上，严格按照市场化原则进行运作，设立框架构思如图 6-2 所示。

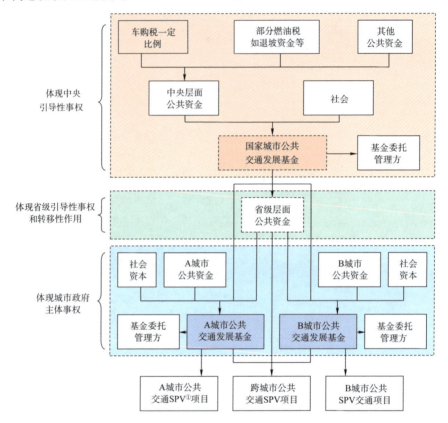

图 6-2　城市公共交通发展基金设立框架构想图

注：① SPV（Special Purpose Vehicle），是政府与社会资本组成的一个特殊机构。

1.国家层面设立城市公共交通发展基金

主旨：为体现中央在城市公共交通发展的引导性作用，在中央层面设立国家城市公共交融发展基金。

资金来源：为体现政府与社会资本合作，资金来源包括中央层面的公共资金和社会资本投入。

基金分配和运营：基金分配和运营主要分为三块，一是作为母基金投入各城市公共交通发展基金；二是作为省级层面公共交通发展资金的补充，与各省公共资金统一配置；三是由基金委托管理方市场化运营的部分资金。

2. 省级层面的城市公共交通发展扶持资金

主旨：为体现省级在城市公共交通发展方面的引导性事权、跨城市公共交通发展和资金转移性作用，省级层面应设立城市公共交通发展扶持资金。

资金来源：一是省级层面的公共资金；二是中央城市公共交通发展基金补充的资金（由省级转移）。

资金配置：省级城市公共交通发展扶持资金主要分两个方面，一是省级资金与国家城市公共交通发展基金、各城市公共资金、社会资本共同设立各城市交通发展基金；二是省级资金直接投入跨城市公共交通 SPV 项目。

3. 城市设立城市公共交通发展基金

主旨：为体现各城市在城市公共交通发展方面承担主体事权，相应城市应设立城市公共交融发展基金。

资金来源：一是城市公共资金，二是国家城市公共交通发展基金，三是省级公共资金，四是社会资本。

基金配置和运营：基金分配和运营主要分为三块，一是用于本城市的公共交通 SPV 项目，二是用于投入跨城市的公共交通 SPV 项目，三是由基金委托管理方市场化运营的部分资金。

二、资金用途

支持公共交通发展的资金应投向城市群、都市圈、城市公共交通相关领域，主要包括：

1. 综合换乘枢纽建设

建立健全综合运输规划体系，统筹各种运输方式之间以及各种方式与城市交通之间规划的协调与衔接。以高速铁路、公路主枢纽等建设为契机，重点建设一批集多种运输方式于一体的综合客运枢纽，提高城市客运换乘效率。

2. 快速公交系统（BRT）建设

BRT 作为一种新型现代化交通方式，具有容量大、速度快、灵活、造价相对低廉等优点。BRT系统是一个整体的系统工程，需要根据城市特点、人口分布、经济布局等特点，结合城市经济、社会未来发展规划，科学设计、统筹考虑线路设计、公交专用道、站台、运营调度等一系列软硬件条件，从而使整个系统高效、安全运营。

中央财政资金应重点在以下三方面支持BRT系统建设。

（1）BRT专用道建设，保障公交路权优先。对于城市建成区双向六车道以上的城市道路，应建设公交专用道；在条件成熟、交通拥堵严重的双向四车道道路也可考虑建设公交专用道，逐步形成有效衔接的公共交通专用道路网络体系。

（2）公交优先信号系统建设。选择公交专用道或公交线路集中的路段，进行优化调整信号配时的试点，进一步提高公交畅达度。

（3）BRT车辆结构优化，推进行业节能减排。城市政府要加强财政支持，加大车辆改造力度，鼓励BRT系统新能源车辆的使用，积极推进城市公共交通车辆能减碳技术的推广应用。

3. 信息化建设

资金应主要投向国家、城市公共交通数据库建设，国家城市公共交通运行状态检测平台、城市公共交通运行监控中心和公众出行信息服务系统。重点开展城市智能交通关键技术研发，如智能车载终端设备、公共交通信息采集监测与服务、运营监管和应急保障等关键技术；建立以中心城市为节点的国家级城市公共交通运行状态监测平台；鼓励特大型或大型城市试点开展综合客运枢纽协同管理与信息服务系统建设，实现枢纽内不同运输方式的协同运转、安全监测及紧急事件联动处置，提供枢纽内外旅客出行、换乘及交通诱导信息服务；推广城市公共交通智能系统建设，开展城市公交与轨道交通智能调度与管理、动态停车诱导等智能化系统的推广应用。

4. 安全应急保障

加快公共交通安全应急指挥体系建设，整合交通安全与应急信息，实现信息统一报送和统计，确保与政府、行业、部门内部信息平台互联互通和共享。支持完善城市公共交通安全应急专项指挥系统，加快建设公共交通路网运行管理、公共交通运输应急指挥调度专项安全应急平台。积极推进城市客运（换乘）枢纽、公共汽车、轨道交通日常运行状态和突发事件监测监控系统建设。

5.城市公共交通标准规范制修订

城市公共交通标准规范对提高城市公交保障能力、提升城市公交服务质量、保障公交安全运营具有重要意义，标准的制（修）订是城市客运管理部门履行城市客运管理职能的重要任务，城市公共交通国家标准和行业标准的制（修）订应由中央政府专项资金支持。

第七章

CHAPTER 7

基于成本规制的财政补贴关键机制与技术方法

公众、企业和政府是公共交通的三大利益主体。在我国现行公交低票价政策普遍实施的前提下，随着公交补贴额的迅速攀升，城市公交行业内各方利益主体之间的矛盾日益突出。在中央运营补贴支持力度不断减弱的情况下，政府公共财政压力日益增大，而市民对政府巨额的民生投入感受不深；同时，公交企业在大额补贴下，运营中存在的问题越来越突出。根本原因在于公交服务供给的特殊性与市场经济体制的关系没有处理好，企业市场属性未能合理体现，政府责任与企业责任划分不清，因此，理顺公交行业中三大主体的关系（即保障民生主体——政府，利益承载体——市民，运营主体——企业）迫在眉睫，优化财政资金的使用方式，进一步提高财政资金的使用效率。

第一节 运营成本规制体系技术方法

规范的运营成本规制制度，尽可能真实反映企业合理运营成本、当前市场及政策环境下最有效的成本核定手段，是核定补贴、调整票价的重要基础。通过科学的运营成本标准、规范的成本归集制度、统一的费用核算方法、科学的成本控制指标体系、动态的成本控制指标标准值调整机制，达到合理控制公交企业提供公交出行服务所需成本的目的。

通常的企业审计要求按照中国注册会计师审计准则的规定进行审计。审计准则要求注册会计师遵守职业道德规范，计划和实施审计工作，并对财务报表是否不存在重大错报发表审计意见。区别于常规会计审计工作，公交成本监审结合行业运营实际，从工作方案总体设计、工作流程、核算方法等方面做了创新，涉及财务会计、运营管理、人力资源、财政等方面的知识。需要对公交客运运营成本、运营收入的真实性及合理性进行审核，抽查相关凭证并剔除与主营业务无关的成本，个别成本的费用归集方法与一般会计准则不一致，需要重新归集。运营成本规制技术路线见图7-1。

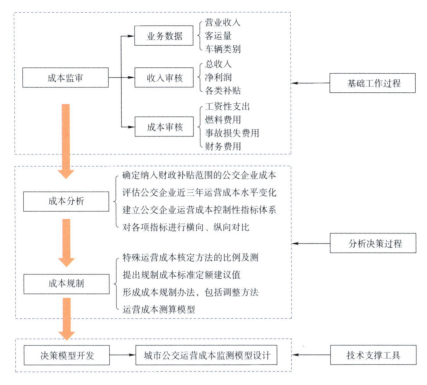

图 7-1　运营成本规制技术路线

一、成本监审技术方法

具体技术要求包括但不限于如下所述。

成本及收入审计对象为与市区内公交运营直接相关或者间接相关（例如采用公交车身提供广告、公交场站对外租赁等）的分公司、子公司。

（1）业务数据。

①市区内公交线路数量、线路长度、配车数、每条线路每年的总行驶里程、每条线路的客运量（根据公交企业提供、如果无法统计需说明理由）、每条线路单独核算运营成本（此项非必需，依据公交集团实际统计情况，包括每条线路人力成本、配车折旧、燃料费用、维修费用等）、每条线路

的营业收入。

②市区内公交线路的客运量（刷卡客运量、投币客运量，其中刷卡客运量要按照卡的类型进行统计）。

③车辆数。

（2）收入。

①公交运营相关分公司的收入中，收入可分为公交客运收入、补贴收入和其他收入（如租车、包车等），需界定其他收入与公交客运业务是否关联。其中补贴收入按照市级财政、区级财政、中央财政进行分类。

②与公交运营无关的分公司、子公司需要统计净收益（净利润）。

③统计集团公司所有补贴收入，不限于公交类补贴。

（3）职工薪酬及工资性支出。

本项目应包括所有与公交运营相关的人员工资总额及工资性支出，需要将管理费用中管理人员工资及工资性支出调整到本科目，公交集团其他成本科目中的人员工资等均需要调整到本科目。如有劳务派遣人员，劳务派遣费用单独列出。

①审核企业近3年职工人数，按照岗位进行分类，例如管理人员、驾驶员、站务人员、维修人员、其他一线人员等。明确统计口径（在岗人数平均值，或年末数）。如有劳务派遣人员，应统计具体岗位及人数。

②在职工分类和人数基础上，统计每类人员的年均收入水平（应发数），应确保人力部门提供数据与财务提供的成本数据口径保持一致。

③统计驾驶员的劳动强度，可以是工作时间（小时）或者工作班数及每班的平均工作时间。

④审核企业缴纳"五险一金"的比例，与相关法规政策规定的比例是否存在差距，是否存在欠缴。

（4）燃料费项目。

①燃料消耗量：统计不同燃料类型的消耗量及燃料单价。

②运营车辆信息：车辆燃料类型、车长、使用年限等，可要求公交企业提供车辆台账。

③运营里程：统计不同燃料类型车辆的运营里程、空驶里程（如果无法统计空驶里程，则统计总驶里程，总驶里程＝空驶里程＋运营里程）。

④能耗消耗水平（按车型分类）：根据燃料消耗量和对应车型运营里程计算每种车型每百公里的能耗水平。

（5）事故损失费。

除入账的成本外，按照责权发生制，对未入账的事故损失费（应付款）进行审核统计。

（6）财务费用。

统计公交业务相关的负债（融资或贷款余额）及贷款利率。

成本的不同口径见表 7-1。

成本的不同口径　　　　　　　　　　　　　表 7-1

成本口径	会计成本	定价成本	规制成本
核定原则	以实际发生的各项耗费为基础，按照会计核算标准和方法计算出来的成本，强调客观实际	按正常经营状况下社会平均水平确认的，强调支出的合理性	由政府制定企业支出范围和标准，结合企业运营指标核定的成本，强调支出可控制
核定依据	财务、会计制度	《国家发展改革委关于印发〈定价成本监审一般技术规范（暂行）〉的通知》（发改价格〔2007〕1219号）	地方政府制定的《公交运营成本规制办法》
用途	企业管理、成本控制	制定、调整票价	核定财政补贴
信息使用者	企业决策者、（国资委）、金融机构（融资贷款）	物价部门	财政部门

二、成本分析技术方法

与常规方法不同，成本技术分析方法创新点在于结合运营数据与财务数据，设计运营成本分析指标体系，深入挖掘成本合理性，从而体现企业运营管理多方面存在的问题，而不是单纯的财务数据。

1. 运营总成本合理性分析方法

（1）历史财务数据分析。

按照成本监审技术方法，对公交企业至少 3 年的运营总成本进行监审，形成规制运营成本，并按照成本项对总成本进行分类，分析总成本变化趋势、各主要成本项变化趋势。

（2）历史运营数据分析。

对公交企业近3年运营数据进行统计分析，主要包括车辆数、线路数、员工数、营业收入种类、补贴类别等。

2.主要运营成本合理性分析方法

结合历史财务数据及历史运营数据，设计运营成本对比分析指标体系，运用纵向对比及横向对比方法，确定主要运营成本的合理性，分析存在的主要问题。

运营成本合理性评价指标体系见表7-2。

运营成本合理性评价指标体系 表7-2

基础类	年度运营里程	运营类	日均客运量
	运营车辆数		日均单车客运量
	总职工人数		日均行驶里程
	驾驶员人数		日均单车行驶里程
	高层管理人员人数		综合人车比
	中层管理人员人数		驾驶员人车比
	中层以下管理人员人数		高层管理人员人车比
	柴油车能耗		中层管理人员人车比
	纯电动车能耗		中层以下管理人员人车比
	柴油车运营里程		驾驶员管理人员人车比
	纯电动车运营里程	成本类	驾驶员工资水平
	总成本		高层管理人员人均工资水平
	国家补贴（细分）		中层及以下管理人员人均工资水平
	省及城市补贴（细分）		千公里柴油消耗
	政府购车投入（包括时间、金额、投入方式）		千公里电力消耗
	车辆租赁种类（融资或经营性）		千公里维修费
	车辆租赁费用		千公里其他直接运营费用
	线路里程		千公里管理费

续上表

成本类	财务费用占总成本比例	盈亏类	人次票款收入
	车公里成本		人次成本票价
	人公里成本		线路票款收入
主营业务类	票款刷卡收入		线路运营成本
	票款现金收入		其他相关业务类型
	打折卡刷卡信息（卡种、数卡人次、折扣率、刷卡金额）		其他相关业务利润明细
			其他不相关业务类型
			其他不相关业务利润明细

第二节 基于服务质量激励的公交运营补贴方法

一、服务质量考核指标体系设计

公交运营服务质量考核重点是对公交企业面向公众提供的公交出行服务水平进行考核，因此，指标的选取注重科学性、系统性和针对性的同时，更要注重概念简单明确，相关基础数据或资料易收集。结合国内外城市经验，提出指标体系建立应遵循以下四个原则。

（1）代表性原则：选取的评价指标可较全面反映城市公交企业某个方面的总体服务能力和水平。

（2）可操作原则：选取的评价指标应方便收集相关基础数据和确定评价尺度，尽量采用信息化手段获取。

（3）可比性原则：选取的评价指标在不同城市之间、不同区域之间和不同历史阶段可以进行比较。

（4）客观性原则：选取的评价指标在数据采集、评价尺度选取和评估过程中，要避免各种先入为主的观念，克服主观随意性和片面性。

根据以上原则，提出城市公交企业服务质量评价指标体系由准则层和指标层两个层次构成。准则层反映城市公交企业某一方面的服务质量，包括设施与设备指标、服务提供与乘客评价指标和运营与管理指标。指标层由若干个评价指标构成。评价指标是城市公交企业服务质量评价指标体系结构的最小单位,反映准则层某一组成部分的服务质量。评价指标从指标定义、指标代码、指标单位、指标计算方法、基础数据采集方法和指标评价目的六个方面进行具体描述。

城市公交企业服务质量评价指标体系由3个准则层、14个指标项构成,详见表7-3。

城市公交企业服务质量评价指标体系 表7-3

准则层	指标名称	评价目的
设施与设备	站牌完好率	用于评价和反映站牌设施的完好程度
	高级车辆配置率	用于评价运营车辆配置水平,反映运营车辆的安全性、舒适性及环保性
	车载智能服务终端使用率	用于评价车载智能服务终端设备的覆盖及使用程度
	车辆中途故障频率	用于评价运营车辆完好程度,反映运营车辆的可靠性
	车内服务设施完好率	用于评价车内服务设施的齐全和完好程度,反映车内服务设施的保障水平
服务提供与乘客评价	来车信息实时预报率	主要评价信息服务的可获得性,反映公交线路的信息服务覆盖水平
	车辆整洁合格率	用于评价运营车辆车容、设备、标志、清洁等符合规定的合格程度
	车厢服务合格率	用于评价运营车辆达到服务标准的程度
	服务质量乘客满意度	主要评价公众对公交服务的满意程度,从公众体验的角度反映公交的服务质量
	投诉率	是直观反映城市公交企业服务水平的重要指标,是公众对城市公交企业服务质量信誉的客观评定
公司经营与管理	行车责任事故频率	是体现行车安全的统计指标,用于评价和反映城市公交企业的运营安全管理水平
	道路交通运输违法(章)率	是反映运营车辆违法(章)情况或违法(章)程度的指标,也可用于评价和反映城市公交企业的运营安全管理水平
	发车正点率	是保证企业按班正点发车及按线路发车间隔均衡运行的可控指标,用于衡量城市公交企业的运行效率和运行质量
	高峰小时满载率	是评价企业合理安排运力的重要依据,是用于反映车辆利用程度和乘车舒适性的一项综合性指标

二、服务质量考核指标权重及考核方式设计

1.指标权重

由于我国城市社会经济发展水平不均衡，城市自然、地理、文化等各有特点，不同城市公共交通发展阶段也存在差异，因此对各项评价指标的权重难以做出硬性规定，可结合城市公交服务的导向性，以及指标评价目的与评价对象的特点，对城市进行分类并规定各级指标的权重。

服务质量考核评价指标的权重分配分为两个层面：一是对准则层的整体权重分配，主要体现不同城市公交服务的原则性和导向性；二是基于对准则层的整体权重分配，再对其下各项具体指标赋予不同权重。

城市公交企业服务质量评价指标体系在设计时就考虑到评价的均衡性问题，各准则层的指标数量分布相对均衡，每个准则层下各要素层的指标数量也做到相对均衡。因此，为保证评分公平性和均衡性，可对各项指标平均设置权重。

如拟对指标设置不同权重，例如，基于先确保基本公共服务、后逐步提高服务水平的原则，在指标评价中侧重于基本公共服务的提供，则可对"设施与设备"准则层给予较高权重，建议可设置为40%，并赋予"服务提供与乘客评价"和"公司经营与管理"各30%权重；对于准则层下的各项具体指标，可根据指标数量、类型及重要程度等因素，进行权重分配，确保指标权重的合理分配。

如城市更注重乘客满意度，"服务提供与乘客评价"是综合性指标，能够体现乘客对公共交通运营服务的整体感受，因此可适当增加此准则层指标的权重，建议可设置为40%，并赋予"设施与设备"和"公司经营与管理"各30%权重；对于准则层下的各项具体指标，可根据指标数量、类型及重要程度等因素，进行权重分配，确保指标权重的合理分配。

2.考核方式

对公交企业进行服务质量考核涉及行业主管部门政策目标实现程度及

乘客出行体验满意程度两个维度。其中，对于行业主管部门政策目标实现程度的考核，需要行业主管部门和企业均建设完善的城市公交运营监测系统，以便获得翔实的基础数据，来支撑各项指标的测算及考核；对于乘客出行体验满意程度，应引入具备相应资质的第三方机构来完成。对于借助信息化系统开展的考核，鉴于数据的可获得性及工作量，应综合采取月度考核、季度考核、年度考核的形式；对于第三方开展的考核，应综合采取半年考核及年度考核两种形式。

3.考核结果测算

各城市可综合考虑自身城市公交发展现状、未来发展目标等因素，设定每个考核指标的指标值及各项指标的赋权，并计算最终考核值。考核值标准分为合格、良好、优秀三个标准，企业最终获得的补贴补偿资金将根据考核值所处的级别不同而有所差别。

三、公交运营财政补贴预算及核定方法

1.补贴的预算方法

补贴预算根据规制成本金额、公交票款收入目标、其他业务净利润目标和其他专项补贴预测数安排。计算公式为：

$$财政补贴预算 = 规制成本金额 - 公交票款收入目标 - 其他业务净利润目标 - 其他专项补贴预测数$$

其中，规制成本金额是指按照财政补贴制度结合年度运营计划确定的计划行驶里程计算的运营成本；公交票款收入目标是指市主管部门对公交企业提出的规制年度票款收入目标数；其他业务净利润目标是指市主管部门依托公共汽车运营资产等业务产生的净利润目标；其他专项补贴预测数是指预计中央下达的城市公交成品油价格补贴、新能源公交车运营补助等。

2.补贴的核定方法

财政补贴根据核定成本金额、票款收入、其他业务净利润目标及绩效考核系数，以公交企业为主体进行核算，计算公式为：

应发财政补贴 =（核定成本金额 – 公交票款收入 – 其他业务净利润目标）× 绩效考核成绩系数 – 实收专项补贴

其中，核定成本金额是指按照成本规制制度、经过成本监审后确定的成本金额；公交票款收入是指经审计的公交票款收入；其他业务净利润目标的核定应考虑加强对企业的激励，如实际净利润高于设定目标值，则超出净利润目标的部分应留出一定比例用于企业自身发展；绩效考核成绩系数即财政补贴与服务质量绩效考核的直接挂钩方式；实收专项补贴指中央实际下达的城市公交成品油价格补贴、新能源公交车运营补助等。

四、激励机制设计

通过将服务质量考核结果与财政补贴挂钩形成对公交企业的激励机制，具体挂钩方式如下。

1. 正向激励

正向激励的特点是有奖有罚，其特点是对企业的激励性较强，但需要合理设置得到奖励的目标，如难度过大，则会影响公交企业的积极性。

典型的正向激励方案：服务质量考核综合成绩达到 90 分（含）以上，绩效考核成绩系数为 105%；考核成绩低于 85 分高于 80 分（含），绩效考核成绩系数为 100%；考核成绩低于 80 分，每低 1 分系数减少 1%；考核成绩低于 70 分，绩效考核成绩系数为 90%。

2. 逆向激励

逆向激励的特点是只罚不奖，对企业的激励性相对较弱，企业通常只会以不处罚为标准进行努力，由于没有奖励，从财政部门的角度更容易接受。

典型的逆向激励方案：考核成绩达到 85 分（含）以上，绩效考核成绩系数为 100%；考核成绩低于 85 分高于 70 分（含），每低 1 分系数减少 1%；考核成绩低于 70 分，绩效考核成绩系数为 85%。

第三节　票制票价调节关键技术方法

一、票价调节考虑因素

城市公共交通运营企业是公共交通服务的提供者，必要的运营成本支出是其实现生产职能的基础；票款收入是其主要的营业收入来源，是其能否开展正常经营活动的重要条件。同时，城市公共交通服务属于带有公益属性的公共服务范畴，直接关系最广大人民群众的日常出行。因此，在考虑启动城市公交票价调整机制及调节幅度时，应充分考虑人民群众的承受能力和公交企业实际运营成本水平，在保障人民群众的基本出行需求的基础上，体现公交票价中的经济因素。

二、票价调节模型

城市公交票价调节模型如下：

$$|P_n| = P_{n-1} \times K - 0.5 \times 生产力增幅$$

$$K = C_1 \times \frac{L_{n-1}}{L_{n-2}} + C_2 \times \frac{E_{n-1}}{E_{n-2}} + C_3 \times \text{CPI}_{n-1} + C_4 \times \frac{F_{n-1}}{F_{n-2}} + C_5, \sum C_i = 1 \quad (7-1)$$

式中：K——调整系数；

　　　P_n——第 n 年经调整公式测算后的平均票价；

　　　P_{n-1}——第 $n-1$ 年城市公交实际平均票价（以上票价已含企业合理的投资回报率）；

　　　C_1——人员工资在票价成本构成中所占的权重系数；

　　　C_2——燃料消耗费在票价成本构成中所占的权重系数；

　　　C_3——轮胎消耗费、运营车辆修理费及其他直接运营费对价格影响的权重系数；

C_4——财务费用在票价成本构成中所占的权重系数；

C_5——票价中对调价系数不产生影响之不变因素（固定资产折旧费、主营业务税金及附加）的权重系数；

L——城市统计局公布的该市职工年平均人工工资；

E——发改委公布的年平均油价水平（国家发改委公告）；

CPI——城市统计局官方公布的 CPI 指数；

F——人民银行公布的 3~5 年期贷款利率的加权平均值（人民银行公告）。

三、票价调节程序

票价调节程序应按照国家有关规定，严格执行听证制度。城市公交企业和城市公共交通主管部门均可提出票价调整（上调或下调）申请。当 $|P_n|$ 大于 0 时，公交企业或城市公共交通主管部门可向城市价格主管部门提出启动城市公交票价调节程序的申请，同时提交票价调整申请报告，城市相关主管部门协商决定是否批准该申请。其中，票价调整申请报告需包括调价模型运算结果，自上次调价以来运营企业经营成本和收益变动情况、未来成本、收益和回报预测、公交企业需要得到合理的回报率、市民的接受程度和负担能力、服务质量考核结果。

调价模型的运算结果会成为启动标准调整的依据及票价调整的最高幅度，但并不决定票价调整的实际幅度，最终调价幅度在综合考虑公交企业票价调节模式运算结果、市民承受能力、城市财政能力和公交企业服务质量考核情况后确定。票价调整幅度初步确定后，城市价格主管部门应及时组织召开价格听证会，并向社会公开必要的成本信息、票价调整申请报告、调整原因及调整幅度。

第四节　公交运营成本-票价-补贴-考核联动机制

公众、企业和政府是公共交通的三大利益主体。成本、票价、补贴、服务是运营服务中的四个关键要素。本书在基于"公众可接受、企业可发展、财政可负担"的原则下提出了兼顾公众、企业、政府三类主体利益的城市公交财政扶持政策体系即基于成本、补贴、服务、票制票价调节、产业扶持政策等方面,设计了以成本规制为基础,服务质量考核为抓手,以公交票价调节机制为协调手段,以产业扶持政策为保障的公交财政扶持政策体系,保障公交行业健康、可持续发展。公众、企业、政府与成本、票价、补贴、服务质量关系见图 7-2。

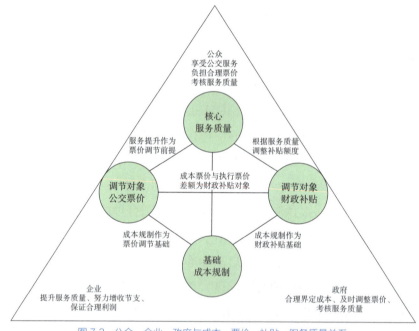

图 7-2 公众、企业、政府与成本、票价、补贴、服务质量关系

建立以运营财政补贴制度、公交票价调整制度为核心,以年度运营服务计划、运营服务质量考核制度、运营成本规制制度为基础支撑的一体化制度体系,制度联动关系见图 7-3。

运营财政补贴制度:城市公交财政扶持制度体系的纲领性文件,按照"政府购买服务"的基本理念和原则,规定了公交运营财政补贴的基本模式。

公交票价调整制度:城市公交价格体系建设的纲领性文件,按照城市政府应提供的基本公共服务的定位,规定公交票价调整的基本原则和方法。

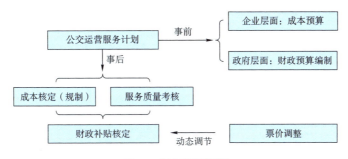

图 7-3 制度联动关系图

运营服务质量考核制度：用于对公交企业的服务质量进行考核。该制度是实现财政补贴与运营服务质量挂钩、保障运营成本核定真实性的重要支撑性文件。

运营成本规制制度：用于公交企业运营成本的预算及核定，是财政补贴资金预算、核定的基础，也是制定、调整公交票价的重要参考依据。

成本与补贴、票价联动：财政补贴制度与公交票价调整制度均以按照运营成本规制制度测算的运营成本为依据，进行财政补贴的核定与公交票价调整方案的编制。

票价与成本、补贴联动：根据财政补贴制度测算的财政补贴资金最终得出的财政补贴占规制成本中的比例，是公交票价调整启动条件之一，也是平衡财政承受能力与乘客负担能力的重要指标。

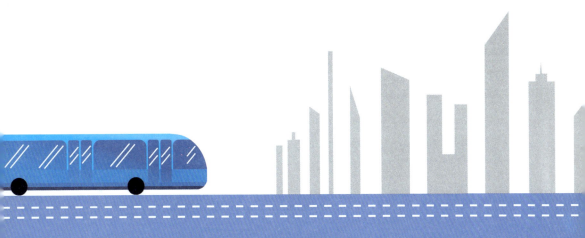

第八章

CHAPTER 8

基于成本规制的财政补贴原型系统设计

第一节　城市公交运营成本监测原型系统

一、业务目标

基于城市公交运营成本规制制度与成本监测体系，结合公共交通信息化建设现状，建立适用于公交行业的运营成本监测模型，实现核心指标相关数据采集、测算、监测与审查的全面信息化，有效提高城市公交企业运营成本监测与规制的工作效率，为政府部门等完善公交价格调整机制、建设合理科学的运营亏损补贴制度，以及组织开展财政补贴政策相关研究等提供数据与技术支撑。

二、用户对象

根据城市公交运营成本规制办法，监测模型的用户对象有五类：公交企业、第三方审计机构、市交通运输局、市财政局和模型的运维机构。

公交企业：作为被监测的对象，公交企业需要根据规制年度内企业实际运营成本情况，通过监测模型填写并报送公交企业数据，包括职工薪酬、燃料费、固定资产折旧费等指标项的统计数值以及用于计算指标项的变量数值等内容。

第三方审计机构：第三方审计机构是数据申报质量的保障者，需要根据企业年度财务审计报告、年度财务综合报表、运营生产报表、人员薪酬及车辆台账等材料核实企业报送数据是否属实，利用监测模型对存在问题的数据进行核定。

市交通运输局：作为监测模型的建设方，市交通运输局需要通过该模型掌握各个企业运营成本实际情况以及城市公交行业的整体情况，包括企业申报情况、第三方审计机构核定情况以及两者的差别，为后续开展成本规制提供数据基础。

市财政局：与市交通运输局相似，市财政局同样需要掌握各个企业以及城市公交行业的运营成本情况。

模型运维机构：负责模型的运行维护。

三、数据处理流程

监测模型的核心数据主要是指监测指标数据以及用于计算核心指标的变量数据。依据城市公交运营成本规制办法，数据处理流程主要包括以下环节：

（1）数据填报：变量数据是指用于计算指标的数据变量，如指标"管理费"是由办公费、水费、电费等构成，其中的办公费、水费、电费等为变量数据。变量数据或通过与既有信息系统数据交换的方式获取，或由公交企业人工填写。

（2）申报指标计算：监测模型利用采集的变量数据按照预设的计算方法得到每项指标数值，即指标申报值。

（3）变量数据核定：市交通运输局启动监审工作后，第三方审计机构依据相关证明材料对填报数据进行核定，标注存在问题的数据并给出监审值。

（4）监审指标计算：监测模型利用变量数据的监审值按照预设的计算方法得到每项指标的数值，即指标监审值。

（5）指标汇总：监审工作完成后，将生成城市公交行业运营成本申报值与监审值的汇总数据，供市交通运输局与市财政局阅览分析。

成本监测模型数据处理流程见图 8-1。

四、功能性需求

公交企业运营成本监测模型设计需要严格依据城市公交运营成本规制办法，同时考虑模型"使用者"各方的需求。在功能设计过程中保证模型能够合规、便捷地满足这些需求。

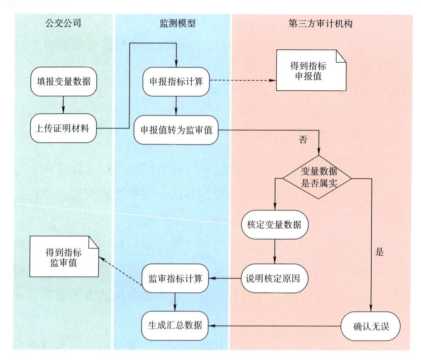

图 8-1 成本监测模型数据处理流程图

1. 公交企业功能需求

公交企业于规制年度次年 3 月底前，根据年度财务审计核实的财务数据填报或传送指标参数数据，并对每项信息说明对应数据来源，同时提供企业年度财务审计报告、年度财务综合报表、运营生产报表、人员薪酬及车辆台账等证明材料，供有关部门核实。

信息上报后，公交企业可查看所填报的指标及参数数据以及监审后指标及参数数据（见图 8-2）。

2. 第三方审计功能需求

第三方机构在得到财政部门与交通运输部门批准后，于规制年度次年 4 月底前完成规制年度公交企业运营成本审计与核定。对于发现的问题数据，给出监审数据并说明原因（见图 8-3）。

3. 交通运输部门与财政部门功能需求

交通运输部门与财政部门在收到企业申报的数据后，立即组织第三方机构开展有关工作。当第三方机构完成监审工作后，对监审结果进行审查分析，包括审查企业申报的证明材料是否完备，分析监审结果是否合理等，在此基础上开展运营成本规制工作（见图 8-4）。

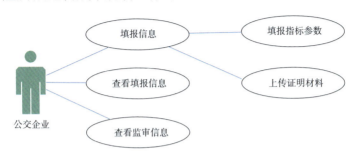

图 8-2　公交企业用例图

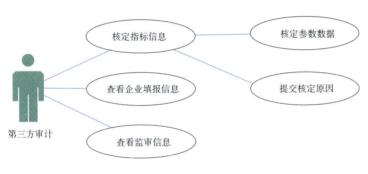

图 8-3　第三方审计机构用例图

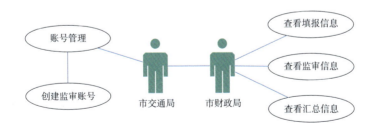

图 8-4　交通运输管理部门与财政部门用例图

4. 系统管理员

在启动年度指标信息申报工作之前，系统管理员可对指标内容与接口交换数据内容进行配置（见图 8-5）。

图 8-5　系统管理员用例图

五、模型功能设计

根据用户对象的主体职责与功能需求,将用户对象分为 5 类用户,分别对应 5 类账号,详见表 8-1。

用户对象与系统角色及账号对应表　　　　表 8-1

用户对象	系统用户名称	系统账号名称
公交企业	企业用户	企业账号
第三方监审机构	监审用户	监审账号
交通运输部门	管理用户	管理账号
财政部门	财政用户	财政账号
系统运维机构	系统管理员	管理员账号

模型功能模块包括用户管理、指标填报、指标监审、指标查阅、指标管理与接口管理。

1.用户管理

交通运输部门可以利用该功能为公交企业和第三方监审机构分配账号。功能包括账号创建、账号查询与账号信息修改三个功能。

(1)账号创建。

创建账号时需填写用户的统一社会信用代码与单位名称。如果是监审账号,还需要选择监审年份与监审企业,已经具有监审单位的公交企业不在选择列表中出现。创建成功后,模型会自动生成一个由字母和数字组成的账号。用户凭此账号和默认密码可登录模型。

(2)账号查询。

①企业账号查询:以列表的形式展示账号信息,列表内容包括账号名

称、单位名称、单位地址、负责人、负责人联系方式等单位基础信息。可通过单位名称等条件检索账号信息。通过点击列表中的"单位详情"按钮可查看单位的详细信息。

②监审账号查询：以列表的形式展示监审账号信息，列表内容包括账号名称、单位名称、单位地址、负责人、负责人联系方式等单位基础信息。可通过单位名称、规制年份、监审企业等条件检索账号信息。通过点击列表中的"详情"按钮可查看单位的详细信息，包括监审年份与监审企业。

（3）账号信息修改。

交通运输部门可以修改账号的统一社会信用代码、单位名称。并可以对监审账号的规制年份和监审企业进行调整。

2.指标填报

该功能模块主要为公交企业提供指标相关信息的录入功能，具体包括数据录入、证明材料上传及信息提交。公交企业信息填报操作流程如图8-6所示。

图 8-6　公交企业信息填报操作流程图

（1）数据录入。

提供基础信息与指标变量数据的录入功能。

基础信息包括本年度运营的车辆信息及行驶里程信息，具体内容如下。

①运营的车辆数量信息：

运营的车辆总数 = 运营的汽油车辆数 + 运营的乙醇汽油车辆数 +
　　　　　　　　运营的柴油车辆数 + 运营的液化石油气车辆数 +
　　　　　　　　运营的天然气车辆数 + 运营的双燃料车辆数 +
　　　　　　　　运营的无轨电车辆数 + 运营的纯电动车辆数 +
　　　　　　　　运营的混合动力车辆数 + 运营的其他车辆数

上述公式中所有的加数是企业用户录入的信息项（下同），数据类型为自然数。

②运营里程数据情况:

运营总里程 = 汽油车运营里程 + 乙醇汽油车运营里程 +

柴油车运营里程 + 液化石油气车运营里程 +

天然气车运营里程 + 双燃料车运营里程 +

无轨电车运营里程 + 纯电动车运营里程 +

混合动力车运营里程 + 其他车运营里程

以上录入项的单位为"km",数据类型为自然数。

指标变量数据根据指标类别分为直接运营成本、期间费用和税金及附加三大类。其中直接运营成本包括职工薪酬、燃料费、固定资产折旧、保修费、轮胎费、保险费、事故损失费、安全生产费、IC卡手续费、检测检修费与车队直接运营费,共计11个小类。期间费用包括管理费用和财务费用两个小类。

③直接运营成本类数据情况。

指标1:职工薪酬。

职工薪酬 = 人员工资 + 工资性支出

人员工资 = 驾驶员工资总额 + 不在岗人员工资总额 +

其他职工工资总额

工资性支出 = 医疗保险费 + 养老保险费 + 失业保险费 +

工伤保险费 + 生育保险费 + 住房公积金 +

职工福利费 + 工会经费 + 职工教育经费 + 劳动保护费

指标2:燃料费。

燃料费 = 汽油消耗费 + 乙醇汽油消耗费 + 柴油消耗费 +

液化石油气消耗费 + 天然气消耗费 + 电能消耗费 +

其他燃料消耗费

指标3:固定资产折旧费。

固定资产折旧费 = 运营车辆折旧费 + 场站折旧费 + 车间折旧费 +

机器设备折旧费 + 电子设备折旧费 +

行政用房折旧费 + 其他固定资产折旧费

指标 4：保修费。

保修费 = 零配件材料费 + 润料费 + 维修辅助材料费 + 维修用水电费 + 其他保修费

指标 5：轮胎费。

轮胎费 = 更新轮胎费 + 翻新轮胎费 + 修补轮胎费

指标 6：保险费。

保险费 = 交强险费 + 其他保险费

指标 7：事故损失费。

事故损失费 = 事故损失费

指标 8：安全生产费。

安全生产费 = 安全生产费

指标 9：IC 卡手续费。

IC 卡手续费 = IC 卡手续费

指标 10：检测检修费。

检测检修费 = 检车费 + 钢瓶检测费 + 其他检测检修费

指标 11：车队直接运营费。

车队直接运营费 = 餐费 + 职工通勤费 + 保洁费 + 保安费 + 水电费 + 点钞费 + 残币清点费 + 其他直接运营费

④期间费用类数据情况。

指标 12：管理费。

管理费 = 办公费 + 水费 + 电费 + 低值易耗品费 + 燃料费 + 补助费 + 电话费 + 餐费 + 运输费 + 交强险 + 维修维护费 + 包烧费 + 结算煤款 + 邮电费 + 取暖费 + 差旅费 + 修理费 + 消防费 + 工会经费 + 房产税 + 车船税 + 书报费 + 印刷费 + 聘请中介机构费用 + 诉讼费 + 无形资产摊销费 + 退休统筹费 + 劳动保护费 + 教育经费 + 警卫消防费 + 机物料消耗费 + 保险费 + 会议费 + 排污费 + 招待费 + 广告宣传费 + 事故费 + 车辆费 + 经济补偿金 + 垃圾处理费 + 配餐材料费 + 其他

指标 13：财务费用。

$$财务费用 = 利息净支出 + 金融机构手续费$$

⑤税金及附加类数据情况。

指标 14：税金及附加费。

$$税金及附加费 = 城市建设维护费 + 教育费附加 + 其他$$

以上参数数据的单位为"元"，数据类型为非负数，保留两位小数。

填报信息时分类填写，每类单独一个页面。每完成录入一类信息后点击"计算"按钮，模型根据计算公式给出汇总值或指标值，同时出现"下一项"按钮，点击此按钮进入下一类信息填报页面。同时模型自动保存上一类填报内容。

（2）证明材料上传。

完成数据录入后需上传证明材料，包括企业年度财务审计报告、年度财务综合报表、运营生产报表、人员薪酬、车辆台账等。证明材料格式可以是 doc、docx、xls、xlsx、pdf、jpg 中的一种。

（3）信息提交。

完成信息录入并成功上传证明材料后可提交信息。提交信息前，系统向企业展示各指标项的申报值与汇总值。提交信息后，企业无法修改申报数据。

3.指标监审

监审用户通过此功能可以查看所监审企业申报的信息，包括指标参数、指标结果、数据来源及证明材料。对于发现的问题数据，需要进行核定并说明原因。指标监审操作流程如图 8-7 所示。

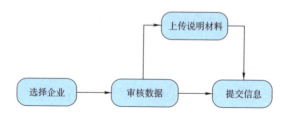

图 8-7　指标监审操作流程图

（1）监审企业查询。

以列表的形式展示监审企业的基本信息、数据状态（说明如表8-2所示）、申报指标汇总值与监审指标汇总值。监审用户能够通过企业名称、监审年份和数据状态检索信息，并可以进行企业提交证明材料下载、数据审核和数据提交3种操作。

企业数据状态说明　　　　　　　　　　表 8-2

数据状态	说　　明
未上报	企业未上报信息
待审核	监审用户从未计入该企业审核流程
审核中	监审用户已进入该企业审核流程，且审核未完成
审核完成	监审用户已完成数据审核，即已点击"审核完成"
已提交	监审用户已上报数据

（2）材料下载。

通过企业列表中"材料下载"按钮进入材料下载页面，可以下载企业提交的证明材料，包括企业年度财务审计报告、年度财务综合报表、运营生产报表、人员薪酬、车辆台账等。

（3）数据审核。

审核过程分三个步骤：审核数据、上传审核说明材料（非必须）和确认审核信息。

通过企业列表中的"审核"按钮进入数据审核流程。待审核信息按照信息类别分页展示（同数据录入）。每页信息分两列，其中一列为企业申报值，另一列为核定值，核定值默认与申报值相同。如监审用户认为申报值有误，可修改核定值，并简要填写原因（非必填）。核定值变化后，汇总值自动调整。点击"下一页"继续审核，系统自动保存上一页的审核结果。

当所有信息审核完毕后，进入第二步材料上传审核说明材料环节。用户可上传审核说明材料（非必填项），文件类型必须是 docx、doc、pdf 中的一种。

第三步为确认审核信息。该页面展示所审核企业的各指标申报值与核定值。监审用户确认无误后,点击"审核完成"按钮返回企业列表。企业状态变为"审核完成"。

(4)数据提交。

监审用户完成企业申报数据审核后可提交数据。数据提交前,监审用户可随时修改核定数据或调整说明材料。数据提交后,监审用户将无法修改任何信息,市交通局与财政局可查看企业监审数据,此时企业状态变为"已提交"。

4.指标查阅

该功能模块主要为各类用户提供指标信息的查阅功能。

(1)企业用户。

可以查看本企业申报信息与监审信息,包括各指标的参数信息、企业上报的证明材料以及监审用户上传的监审说明材料。

(2)监审用户。

以列表的形式展示所监审企业的基本信息、数据状态、申报指标汇总值与监审指标汇总值。监审用户能够通过企业名称、监审年份和状态检索信息。通过点击"详情"按钮,可以查看该企业详细的申报信息与审核信息,包括各指标参数数据、企业上报的证明材料以及监审用户上传的监审说明材料。

(3)管理用户与财政用户。

以列表的形式展示所有企业的基本信息、数据状态、申报指标汇总值与监审指标汇总值。列表的最后一行为所有企业的汇总数据。管理用户与财政用户能够通过企业名称、监审年份和数据状态检索信息。通过点击"详情"按钮可以查看企业详细的申报信息与审核信息,包括各指标的参数数据、企业上报的证明材料以及监审用户上传的监审说明材料。

5.指标管理

每年的指标内容可能略有不同,因此在每年申报数据之前,系统管理员需对该年度的指标进行配置(为了减少工作量,本年度指标默认与上一年度指标相同)。为了满足此需求,该功能模块需具备指标配置与管理功能，包括查看指标、增加指标、删除指标、修改指标和启用指标。

（1）查看指标。

分年度以列表的形式展示所有指标的基本信息，包括指标名称、度量单位、解释说明。点击"指标名称"可查看该指标的计算公式以及所有的参数信息，包括参数名称、度量单位、解释说明。

（2）增加指标。

增加指标分为三个步骤：定义指标、定义参数和定义计算公式。

定义指标需填写指标名称、度量单位和解释说明。

定义参数需填写参数名称、度量单位和解释说明。

定义计算公式必须使用已定义的参数，可使用的数学符号有：＋、－、×、／、＝。

该操作仅在启用指标前有效。

（3）删除指标。

删除指标后，与指标所关联的参数信息与计算公式将一同删除。该操作仅在启用指标前有效。

（4）修改指标。

可以对指标定义、参数定义和计算公式进行修改。该操作仅在启用指标前有效。

（5）启用指标。

系统管理员确认年度指标内容无误后点击"启用指标"。与此同时，指标填报功能开启。启用指标后将无法调整指标内容。

6. 接口管理

当指标及参数内容调整后，相应的数据交换内容也可能需要调整。该功能模块主要为系统管理员提供数据接口的管理功能。包括新增接口、开启／关闭接口、调整接口交换内容等。

（1）查看接口信息。

以列表的形式展示所有接口信息，包括接口名称、交换内容、交换频率等。点击接口名称可查看具体交换内容，包括每个字段的名称、字段格式与字段说明。

（2）增加接口。

增加接口分为两个步骤，一是定义接口，二是定义交换内容。

定义接口包括明确接口名称、交换频率。

定义交换内容包括明确交换字段名称、字段格式、字段的限制规则及字段说明等。

（3）开启/关闭接口。

接口关闭后将失效，开启后重新生效。

（4）修改接口交换内容。

实现接口交换字段的配置功能，包括增加、修改和删除字段信息。可以调整的内容有字段名称、字段格式、字段限制条件及字段说明内容。

六、数据库设计

模型数据库的核心内容为指标及变量数据。传统的数据库设计方案是信息集，显示为1个操作界面，对应1个数据库表。这种方法简单、直观，但是可配置性较差。当增加或删除指标变量数据时，就需要改动程序和数据库表结构，效率较低。

为了提高可配置性，模型采用拆表的方法，把传统的单表拆分成指标定义表、变量定义表和变量值定义表。指标定义表结构如表8-3所示，它负责定义模型中的监测指标，1个监测指标对应一条记录。变量定义表结构如表8-4所示，它定义每个指标的变量，1个变量对应1条数据。变量值记录表结构如表8-5所示，它记录了所有企业每个年度每个变量的申报值与监审值。如果需要增加指标或指标变量，仅需在指标定义表或变量定义表中增加数据即可。

指标定义表结构　　　　　　　　　　　表8-3

字　段	类　型	字　段	类　型
主键	Varchar2	指标说明	Varchar2
规制年份	Number	计算公式	Varchar2
指标名称	Varchar2		

变量定义表结构　　　　　　　　　　　表 8-4

字　段	类　型	字　段	类　型
主键	Varchar2	变量名称	Varchar2
规制年份	Number	变量说明	Varchar2
指标主键	Varchar2		

变量值记录表结构　　　　　　　　　　表 8-5

字　段	类　型	字　段	类　型
主键	Varchar2	申报数值	Number
变量主键	Varchar2	监审数值	Number
企业主键	Varchar2	数据来源	Varchar2
规制年份	Number	问题说明	Varchar2

除了以上内容外，数据库中还需要构建的业务数据表有用户基本信息表、数据申报状态表、第三方机构监审权限表、说明材料信息表、申报开关表。

用户基本信息表用以记录模型用户单位的基本信息，具体内容见表 8-6。

用户基本信息表结构　　　　　　　　　表 8-6

字　段	类　型	说　明
统一社会信用代码	Varchar2	主键
单位名称	Varchar2	—
用户类别	Varchar2	1：企业用户，2：监审用户，3：管理用户，4：财政用户，9：系统管理员
企业类型	Varchar2	—
企业住所	Varchar2	—
法定代表人	Varchar2	—
注册资本	Number	单位：万元
成立日期	Varchar2	—
营业期限	Varchar2	—
经营范围	Varchar2	—
联系人	Varchar2	—
联系方式	Varchar2	—

数据申报状态表用以记录企业指标数据的申报状态，具体内容见表 8-7。

数据申报状态表结构　　　　　　　表 8-7

字　段	类　型	说　明
数据 ID	Varchar2	主键
年份	Number	—
企业统一社会信用代码	Varchar2	—
数据状态	Varchar2	1: 未上报, 2: 待审核, 3: 审核中, 4: 审核完成, 5: 已提交

第三方机构监审权限表用以记录第三方机构所监审企业及监审年份，具体内容见表 8-8。

第三方机构监审权限表结构　　　　　　表 8-8

字　段	类　型	说　明
数据 ID	Varchar2	主键
第三方机构统一社会信用代码	Varchar2	—
监审企业统一社会信用代码	Varchar2	多个企业之间用分号隔开
监审年份	Number	—
数据状态	Varchar2	—

说明材料表用以记录企业用户提交的证明材料与监审用户提交的说明材料的存储路径，具体内容见表 8-9。

说明材料表结构　　　　　　　表 8-9

字　段	类　型	说　明
数据 ID	Varchar2	主键
监审年份	Number	—
企业统一社会信用代码	Varchar2	—
企业年度财务审计报告存储路径	Varchar2	—
年度财务综合报表存储路径	Varchar2	—
运营生产报表存储路径	Varchar2	—
人员薪酬存储路径	Varchar2	—
车辆台账存储路径	Varchar2	—
监审说明材料存储路径	Varchar2	非必填

申报开关表用以记录每年信息申报的开启状态，具体内容见表 8-10。

申报开关表结构　　　　　　　　　　　　　　　表 8-10

字　段	类　型	说　明
数据 ID	Varchar2	主键
监审年份	Number	—
开启状态	Varchar2	1：开启，0：未开启
开启时间	Varchar2	数据格式：YYYY-MM-DD HH24:MI:SS

综上所述，本模型主要业务数据表关系如图 8-8 所示。

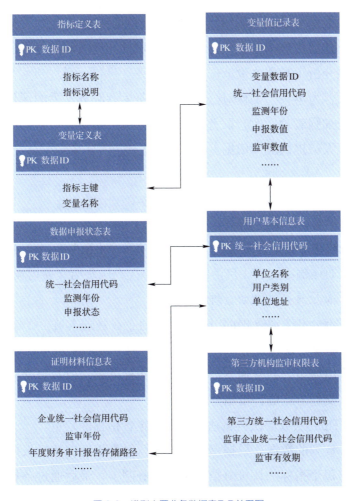

图 8-8　模型主要业务数据表 E-R 关系图

第二节　城市公共交通服务质量评价原型系统

构建城市公共交通服务质量评价模型的目标有两个如下。

基于"公共交通是民生工程，公共交通应当优先发展"的指导思想，实现对某个城市的公共交通发展水平的科学评价，并可对比分析不同城市公共交通发展水平，引导我国城市公共交通可持续性发展，促进城市公共交通系统整体服务质量的提升，为交通运输部和地方政府指导公共交通科学发展提供分析工具和决策依据。

以"乘客为本"，实现对公共交通企业运营服务水平的评价，引导公共交通企业加强管理，改善服务质量，为城市公共交通主管部门和公共交通企业管理人员提供决策依据。

一、总体设计

1. 用户对象

根据上述两个业务目标，公共交通服务质量评价模型的用户对象分别为：

（1）交通运输部，省（自治区、直辖市）人民政府交通运输主管部门，城市人民政府及其公共交通管理部门。

（2）城市公共交通管理部门、公共交通企业管理人员。

2. 数据处理流程

分别给出城市公共交通发展水平评价指标体系，以及公交、轨道交通等不同公共交通方式的评价指标体系。

根据 Delphi 法或层次分析法，分别确定各指标的权重。

利用采集到的数据，根据指标定义计算每个指标，然后根据指标评分标准，确定每个指标的评价分值（采用百分制），最后通过各指标分值的大小及对应权重的加权求和，即可得到某市公共交通发展水平的评价分值或某公共交通企业服务水平的评价分值。数据处理流程图见图 8-9。

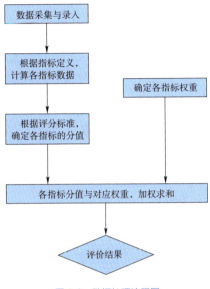

图 8-9 数据处理流程图

3.指标数值的计算及展示

输入数据后,模型可根据每个指标的定义、计算公式,自动计算出每个指标的实际数值,并可以展示以下数据:

(1)同一个指标在不同历史时期的数值。

(2)同一个指标在不同城市或不同企业的数值。

二、评价体系设计

1.各指标评价分值的确定及展示

计算出每个指标的数值之后,根据指标评分标准,给出每个指标的评分分值(采用百分制),并可以展示:

(1)同一个指标在不同历史时期的得分情况。

(2)同一个指标在不同城市或不同企业的评分情况。

2.指标权重的设置

允许用户设定和修改每个指标的权重。

3. 评价结果的分层展示

给出每个功能分类指标的评分分值，如某个城市"能耗排放类"指标得分，等于能耗排放类内每个指标的评分与对应权重的加权求和。

展示整体评价结果，如某城市公共交通发展水平为85（百分制），系统可以展示该城市在"公交优先、设施设备、运输服务、安全应急、能耗排放"5个功能分类各自的得分情况，以及每一个功能分类内每个指标的得分情况，从而直观描述该城市公共交通发展状况。

此外，还可以展示同一功能分类指标的历史评价结果，以及同类型城市的评价情况。

4. 评价结果的纵向对比展示

展示同一类型不同城市或同一类型企业的综合评价结果。例如，两个城市的公共交通发展水平得分相近，但是二者的"公交优先水平、设施设备水平、运输服务水平、安全应急水平、能耗排放水平"等可能并不一样，存在较大差异。对比分析展示功能可以直观描述这两个城市公共交通发展水平的具体差距和优势、劣势。

5. 评价结果的横向对比展示

展示同一个城市或同一个企业的历史发展变化，直观描述其进步之处和不足之处。

三、公交企业服务质量评价指标体系

1. 车辆安全设施合格率

该标准反映了车辆配备安全装备的水平，是衡量公交运营服务安全性的重要指标。

本指标根据《城市公共汽电车客运服务规范》（GB/T 22484—2016）确定指标定义和计算方法。

（1）指标定义。

车辆安全设施合格率：统计期内，车内安全设施合格的车辆数占被检查运营车辆数的比例。

（2）计算方法。

$$车辆安全设施合规率 = \frac{车内安全设施合规车辆数}{被检查车辆数} \times 100\%$$

①数据项：

a. 车内安全设施合格车辆数（数据来源于公交企业抽查数据）；

b. 被检查车辆数（数据来自公交企业抽查数据）。

②指标单位：%。

（3）车辆安全设施合格率分级见表 8-11。

车辆安全设施合格率分级表　　　　　表 8-11

评价标准等级	一	二	三	四	五
各类城市	≥ 98	[95, 98)	[90, 95)	[80, 90)	< 80
指数分级	[90, 100]	[80, 90)	[70, 80)	[60, 70)	[0, 60)

2. 安全运行间隔里程

公交车辆在运行过程中，驾乘人员应警惕交通事故的发生，保障车辆安全运行。该指标的设置是为了通过公共交通车辆行驶里程与行车责任事故的关系，来评价整个公交系统安全性。

（1）指标定义。

安全运行间隔里程：公交车辆总行驶里程与行车责任事故次数的比值。

（2）计算方法。

$$安全运行间隔里程 = \frac{车辆总行驶里程}{运营车发生的交通和客伤一般及以上责任事故次数}$$

①数据项：

a. 运营车发生的交通和客伤一般及以上责任事故次数，依据公安交通管理部门认定的次数；

b. 总行驶里程（城区各路公交行驶总里程）。

②指标单位：万 km/次。

（3）公交车辆安全运行间隔里程分级见表 8-12。

公交车辆安全运行间隔里程分级表　　　　表 8-12

评价标准等级	一	二	三	四	五
各类城市	≥125	[100, 125)	[75, 100)	[50, 75)	[0, 50)
指数	[90, 100]	[80, 90)	[70, 80)	[60, 70)	[0, 60)

3.行车责任事故死亡频率

本指标是反映企业运营安全水平的重要指标。

（1）指标定义。

行车责任事故死亡频率：统计期内，运营车辆每行驶百万公里运营里程平均发生行车责任事故死亡的人数。

（2）计算方法。

$$行车责任事故死亡频率 = \frac{行车责任事故死亡人数}{车辆运营总里程} \times 10^6$$

①数据项：

a.行车责任事故死亡人数（事故信息表中的客死人数统计）；

b.总行驶里程（城区各路公交行驶总里程）。

②指标单位：人$/10^6$km。

（3）行车责任事故死亡频率水平分级见表 8-13。

行车责任事故死亡频率水平分级表　　　　表 8-13

评价标准等级	一	二	三	四	五
各类城市	≤0.8	(0.8, 1]	(1, 1.2]	(1.2, 1.5]	>1.5
指数	[90, 100]	[80, 90)	[70, 80)	[60, 70)	[0, 60)

4.高峰期平均候车时间

本指标是反映高峰时期乘客能否快速享受公交服务的重要指标。

（1）指标定义。

按照《城市公共交通工程术语标准》（CJJ/T 119—2008）确定指标定义。

高峰期平均候乘时间：高峰期内，被调查乘客在公共交通车站等候乘行的平均时间。

（2）计算方法。

$$高峰期平均候车时间 = \frac{被调查乘客的候车时间之和}{调查的乘客数}$$

①数据项：

a. 被调查乘客的候车时间之和（数据来源于公交企业调查）；

b. 调查的乘客数（数据来源于公交企业调查）。

②指标单位：min。

（3）高峰期平均候车时间分级见表 8-14。

高峰期平均候车时间分级表　　　　表 8-14

评价指标等级	一	二	三	四	五
各类城市	<3.0	[3.0, 5.0)	[5.0, 8.0)	[8.0, 10)	≥10.0
指数	[90, 100]	[80, 90)	[70, 80)	[60, 70)	[0, 60)

5. 公交车自动语音报站器安装率

该指标一方面可以反映企业在车辆方面的先进技术应用与管理水平；另一方面，更能反映在车辆到站上下乘客过程中的服务状况，是衡量乘客乘坐公交车辆便捷程度的重要指标。

（1）指标定义。

公交车自动语音报站器安装率：企业内安装自动语音报站器的车辆数占企业全部运营车辆数的比例。

（2）计算方法。

$$公交车自动语音报站器安装率 = \frac{安装自动语音报站器车辆数}{企业运营车辆总数} \times 100\%$$

①数据项：

a. 安装自动语音报站器车辆数（数据来源于公交企业统计数据）；

b. 公交企业运营车辆总数（数据来源于公交企业统计数据）。

②指标单位：%。

（3）公交车自动语音保证器安装率分级见表 8-15。

公交车自动语音保证器安装率分级表　　　　　　　表 8-15

评价标准等级	一	二	三	四	五
各类城市	≥ 90	[70, 90)	[50, 70)	[30, 50)	< 30
指数	[90, 100]	[80, 90)	[70, 80)	[60, 70)	[0, 60)

6. 非现金支付比例

非现金支付比例可体现城市公共交通社会服务管理水平，通过提高非现金支付比例，可提高乘客上车速度，并享受票价打折优惠，避免投币零钞找补麻烦，有效防止因假币、残币引起的服务纠纷和疾病传染，减少点钞成本。

（1）指标定义。

非现金支付客运量与客运总量的比例。

（2）计算方法。

$$非现金支付比例 = \frac{公交非现金支付客运量 + 轨道非现金支付客运量}{公共交通客运总量} \times 100\%$$

①数据项：

a. 公交非现金支付客运量；

b. 轨道非现金支付客运量；

c. 公共交通客运总量。

②指标单位：%。

（3）IC 卡使用率分级见表 8-16。

IC 卡使用率分级表　　　　　　　表 8-16

评价标准等级	一	二	三	四	五
A、B、C 类城市	[80, 100]	[70, 80)	[60, 70)	[50, 60)	[0, 50)
D 类城市	[70, 100]	[60, 70)	[50, 60)	[40, 50)	[0, 40)
指数	[90, 100]	[80, 90)	[70, 80)	[60, 70)	[0, 60)

7. 平均换乘系数

本指标是衡量乘客出行直达程度和便捷性的重要指标，城市公交应尽量做到直达、快捷，减少乘客换乘。

采用《城市综合交通体系规划标准》（GB/T 51328—2018）确定指标定义和计算方法。

（1）指标定义。

公共交通评价换乘系数：公共交通乘车出行人次与换乘人次之和除以乘车出行人次。

（2）计算方法。

$$公共交通平均换乘系数 = \frac{乘车出行人次 + 换乘人次}{乘车出行人次}$$

①数据项目：

a.乘车出行人次；

b.换乘人次。

②指标单位：无。

（3）平均换乘系数分级见表8-17。

平均换乘系数分级表　　　　　　　　　表8-17

评价标准等级	一	二	三	四	五
A、B类城市	≤ 1.4	(1.4, 1.5]	(1.5, 1.6]	(1.6, 1.7]	> 1.7
C、D类城市	≤ 1.2	(1.2, 1.3]	(1.3, 1.4]	(1.4, 1.5]	> 1.5
指数	[90, 100]	[80, 90)	[70, 80)	[60, 70)	[0, 60)

8.高峰小时平均满载率

高峰小时平均满载率是用于评价高峰小时公交工具投放效益、验证运力配备和运用是否适应乘客实际需求的重要指标；可反映乘客出行舒适程度，是编制或修订运营作业计划、调整公交运载工具投放数量和投放方向的重要依据。

根据《城市公共汽电车客运服务规范》（GB/T 22484—2016）确定指标定义和计算方法。

（1）指标定义。

高峰小时平均满载率：在高峰小时内，通过最大客流断面的各车次载客量之和与额定载客量之和之比。

（2）计算方法。

$$高峰小时平均满载率 = \frac{\Sigma 高峰小时最大客流断面通过各车次载客量}{\Sigma 高峰小时通过车次的额定载客量} \times 100\%$$

①数据项：

a. 高峰小时最大客流断面的各车次载客总量（数据来源于城市道路交通流监测统计最大客流断面流量）；

b. 高峰小时最大客流断面时通过车次的额定载客量（客位数）。

②指标单位：%。

（3）高峰小时平均满载率分级见表 8-18。

高峰小时平均满载率分级表　　　　表 8-18

评价标准等级	一	二	三	四	五
各类城市	[60, 100)	[100, 110)	[110, 120)	[120, 130]	<60 或 >130
指数	[90, 100]	[80, 90)	[70, 80)	[60, 70]	[0, 60)

9. 车内舒适温度达标率

车内舒适温度达标率是反映乘客乘车过程中的舒适程度的重要指标。

（1）指标定义。

车内舒适温度达标率：达标的车内温度总次数与统计总次数之比。

（2）计算方法。

$$车内舒适温度达标率 = \frac{达标的车内温度统计次数}{统计次数总数} \times 100\%$$

①数据项：

a. 达标的车内温度统计次数（数据来源于公交企业统计数据）；

b. 统计次数总数（数据来源于公交企业统计数据）。

②指标单位：%。

（3）车内舒适温度达标率分级见表 8-19。

车内舒适温度达标率分级表　　　　　　表 8-19

评价标准等级	一	二	三	四	五
各类城市	≥98	[95,98)	[90,95)	[85,90)	<85
指数	[90,100]	[80,90)	[70,80)	[60,70)	[0,60)

10.车厢服务合格率

车厢服务合格率是反映乘客乘车过程中享受到的服务水平高低的重要指标。

根据《城市公共汽电车客运服务规范》（GB/T 22484—2016）确定指标定义和计算方法。

（1）指标定义。

车厢服务合格率：在车厢内外，服务质量符合要求的车辆数与被检查车辆总数之比。

（2）计算方法。

$$车厢服务合格率 = \frac{车厢服务合格车辆数}{被检查车辆数} \times 100\%$$

①数据项：

a.抽查车厢服务合格车辆数（数据来源于公交企业统计数据）。

b.被检查车辆总数（数据来源于公交企业统计数据）。

②指标单位：%。

（3）车厢服务合格率分级见表 8-20。

车厢服务合格率分级表　　　　　　表 8-20

评价标准等级	一	二	三	四	五
各类城市	≥98	[95,98)	[90,95)	[85,90)	<85
指数	[90,100]	[80,90)	[70,80)	[60,70)	[0,60)

11.车辆整洁合格率

车辆整洁合格率是反映乘客出行舒适程度，提高服务水平的重要依据。

根据《城市公共汽电车客运服务规范》（GB/T 22484—2016）确定指

标定义和计算方法。

（1）指标定义。

车辆整洁合格率：统计期内，在车厢内外，清洁卫生符合要求的车辆数与被检查车辆总数之比。

（2）计算方法。

$$车辆整洁合格率 = \frac{整洁合格车辆数}{被检查车辆数} \times 100\%$$

①数据项：

a. 抽查整洁合格车辆数（数据来源于公交企业统计数据）；

b. 被检查车辆总数（数据来源于公交企业统计数据）。

②指标单位：%。

（3）车厢整洁合格率分级见表8-21。

车厢整洁合格率分级表　　　　　　　　　表8-21

评价标准等级	一	二	三	四	五
各类城市	≥98	[95,98)	[90,95)	[85,90)	<85
指数	[90,100]	[80,90)	[70,80)	[60,70)	[0,60)

12. 首末班各站到站准点率

首末班各站到站准点率是反映首末班公交车按调度指令准点到达站点的质量指标，可反映运营车辆按规定时间到站准点的程度和分公司运营现场对发车指令的执行能力，是保障乘客乘车可靠性的关键指标。

根据《城市公共汽电车客运服务规范》（GB/T 22484—2016）确定指标定义和计算方法。

（1）指标定义。

首末班各站到站准点率——统计期内，首末班准点到站车次数占首末班计划运行车次总数的比例。

（2）计算方法。

$$首末班各站到站准点率 = \frac{首末班准点到站的车次数}{首末班计划运行车次总数} \times 100\%$$

①数据项：

a. 首末班准点到站的车次数（数据来源于公交企业数据）；

b. 首末班计划运行车次总数（数据来源于公交企业数据）。

②指标单位：%。

（3）首末班各站到站准点率分级见表8-22。

首末班各站到站准点率分级表　　　　　表8-22

评价标准等级	一	二	三	四	五
各类城市	≥98	[95, 98)	[90, 95)	[85, 90)	<85
指数	[90, 100]	[80, 90)	[70, 80)	[60, 70)	[0, 60)

13. 发车间隔合格率

发车间隔合格率是反映公共交通系统运营服务水平的重要指标。

根据《城市公共汽电车客运服务规范》（GB/T 22484—2016）发车正点率形式确定指标定义和计算方法。

（1）指标定义。

发车间隔合格率：统计期内，某线路按照计划发车间隔发车次数占线路计划发车总次数的比例。

（2）计算方法。

$$发车间隔合格率 = \frac{线路按照计划发车间隔发车次数}{被检查线路计划发车总次数} \times 100\%$$

①数据项：

a. 线路按照计划发车间隔发车次数（数据来源于公交企业数据）；

b. 被检查线路计划发车总次数（数据来源于公交企业数据）。

②指标单位：%。

（3）发车间隔合格率分级见表8-23。

发车间隔合格率分级表　　　　　表8-23

评价标准等级	一	二	三	四	五
各类城市	≥98	[95, 98)	[90, 95)	[85, 90)	<85
指数	[90, 100]	[80, 90)	[70, 80)	[60, 70)	[0, 60)

14. 车次完成率（班次兑现率）

车次完成率（车次兑现率）是用于衡量公交企业计划车次完成质量的重要指标，反映公交调度的执行力度。

根据《城市公共汽电车客运服务规范》（GB/T 22484—2016）确定指标定义和计算方法。

（1）指标定义。

车次完成率：统计期内，实际完成的车次数与计划完成的车次数之比。

（2）计算方法。

$$车次完成率 = \frac{实际完成的车次数}{计划完成的车次数} \times 100\%$$

①数据项：

a. 实际完成的车次数（数据来源于公交企业统计数据）；

b. 计划完成的车次数（数据来源于公交企业统计数据）。

②指标单位：%。

（3）车次完成率分级表见表 8-24。

车次完成率分级表　　　　　　　　　表 8-24

评价标准等级	一	二	三	四	五
各类城市	≥98	[95, 98)	[90, 95)	[85, 90)	<85
指数	[90, 100]	[80, 90)	[70, 80)	[60, 70)	[0, 60)

15. 运营车辆道路故障率

运营车辆道路故障率是衡量公交运营调度安全性及规律性的重要指标，衡量一定机动化水平下的公共交通安全管理水平。

根据《城市公共汽电车客运服务规范》（GB/T 22484—2016）确定指标定义和计算方法。

（1）指标定义。

运营车辆道路故障率：统计期内，企业运营车辆在运营过程中发生故障的车次数与企业实际运行车次总数的比例。

（2）计算方法。

$$运营车辆道路故障率 = \frac{运营过程中发生故障的车次数}{计划运行车次总数} \times 100\%$$

①数据项：

a. 运营过程中发生故障的车次数（数据来源于公交企业统计数据）；

b. 计划运行车次总数（数据来源于公交企业统计数据）。

②指标单位：%。

（3）运营车辆道路故障率分级表见表8-25。

运营车辆道路故障率分级表　　　　　表8-25

评价标准等级	一	二	三	四	五
各类城市	≤1	（1,2]	（2,3]	（3,4]	>4
指数	[90,100]	[80,90)	[70,80)	[60,70)	[0,60)

16. 乘客投诉率

乘客投诉率是直接反映乘客对公交企业提供的运输服务满意程度的指标，该指标越低表示乘客对公交企业的服务满意程度越高。

（1）指标定义。

乘客投诉率：在统计期内，乘客投诉量与城市公共交通客运总量的比例。

（2）计算方法。

$$乘客投诉率 = \frac{企业被乘客投诉人次}{企业完成客运总量} \times 100\%$$

①数据项：

a. 企业被乘客投诉人次（数据来源于公交企业统计数据）；

b. 企业完成客运总量（数据来源于公交企业统计数据）。

②指标单位：%。

（3）乘客投诉率分级表见表8-26。

乘客投诉率分级表　　　　　表8-26

评价标准等级	一	二	三	四	五
各类城市	≤1.5	（1.5,2.0]	（2.0,3.0]	（3.0,4.0]	>4.0
指数	[90,100]	[80,90)	[70,80)	[60,70)	[0,60)

17. 乘客投诉处理率

乘客投诉处理率是反映公交企业提供服务水平的重要指标。该项指标越高,反映企业的服务越好。

依据《城市公共汽电车客运服务规范》(GB/T 22484—2016)确定指标定义和计算方法。

(1)指标定义。

乘客投诉处理率:统计期内,企业对乘客投诉处理和回复的件数与乘客投诉件数的比例。

(2)计算方法。

$$乘客投诉处理率 = \frac{对乘客投诉处理和回复的件数}{乘客投诉件数} \times 100\%$$

①数据项:

a. 对乘客投诉处理和回复的件数(数据来源于公交企业统计数据);

b. 乘客投诉件数(数据来源于公交企业统计数据)。

②指标单位:%。

(3)乘客投诉处理率分级表见表 8-27。

乘客投诉处理率分级表　　　　　表 8-27

评价标准等级	一	二	三	四	五
各类城市	≥ 98	[95, 98)	[90, 95)	[85, 90)	< 85
指数	[90, 100]	[80, 90)	[70, 80)	[60, 70)	[0, 60)

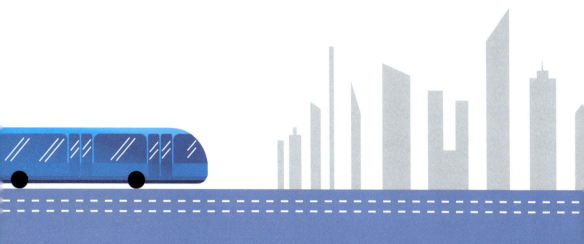

第九章
CHAPTER 9

应用实践案例

第一节 深圳

  深圳市作为交通运输部确立的国家首个"公交都市"创建示范城市，围绕"全面落实公交优先发展战略"和"打造国际水准公交都市"的总体目标，基本形成了"轨道交通为骨架、常规公交为网络、出租车为补充、慢行交通为延伸"的多层次公共交通体系，公交发展取得了令人瞩目的成绩。截至2017年末，共运营公交线路1011条，车辆17067辆，线网里程3080km，日均客运量485万人次；已开通轨道线路8条，运营里程285km，日均客运量438万人次；公共交通机动化出行分担率达到56.5%，公交线网密度达到3.49km/km^2，公交运营线路长度2.17万km，月公交载客运营里程9251万km，公交站点500m覆盖率原特区内达到100%、原特区外达到93.6%，公交专用道达到957km，公交站场390个、206.8万m^2；共有公交企业18家，特许经营企业3家、非特许经营企业15家。深圳市经历了"成本规制"与"定额补贴"两轮财政补贴政策，极大促进了公交行业发展，成为全国公交改革的典范城市。目前，深圳市已经实施了第三轮公交补贴新机制。

一、第一轮基于成本规制的公交补贴机制改革

1. 基本沿革

  1992年，深圳市出台了《深圳经济特区城市公共大巴专营管理规定》，初步建立了城市公交"市场准入、过程监管和市场退出"机制（现已取消）。2005年，深圳市出台了《深圳市公用事业特许经营条例》，为在全市范围建立公交特许经营制度，提供了良好的法律保障。2007年，深圳市政府印发了《深圳市公交行业特许经营改革工作方案》，全面开展公交特许经营改革工作。实行公交特许经营权管理，在深圳市从事公共汽车经营业务的企业，必须依法通过招标方式或者招募方式取得特许经营权。

特许经营权首次期限为20年，深圳市东部公共交通有限公司（以下简称"深圳东部公交公司"）、深圳市西部公共汽车有限公司（以下简称"深圳西部公交公司"）、深圳巴士集团股份有限公司（以下简称"深圳巴士公交公司"）3家特许经营企业均可从事全市范围内的公共汽车业务，但主要负责本区域内的公共汽车业务。企业在取得特许经营权后还须取得线路经营权，线路经营权由深圳市交通运输主管部门采取直接授予或招标方式授予，线路经营权期限为5年。同时，推进了公交行业整合重组，确定了3家公交特许经营企业，其中深圳巴士公交公司是国有控股中外合资股份制公司，是深圳市历史最长、规模最大、品牌最优的公交特许经营企业；深圳东部、西部公交公司于2007年9月19日经深圳市人民政府授权批准正式挂牌成立。至此，深圳市由原38家公交企业转变为3家公交特许经营企业的发展格局。2009年，深圳市财政局印发《2008年度深圳公交成本规制操作方案》（以下简称《方案》），将3家公交特许经营企业纳入财政补贴范围，正式施行基于成本规制的财政补贴机制。

2. 主要做法

（1）成本规制的基本流程：一是计算2005年度、2006年度、2007年度公交企业成本项目平均数。结合相关管理规定和实际情况，确定2008年成本项目标准值，并向公交专营企业公布。公交行业稳定发展后，公交企业成本项目标准值可间隔一定周期再行调整。2009年初，中介机构对2008年度公交企业成本进行监审，取得2008年公交企业成本监审数。按照已确定的2008年成本项目标准值，规制2008年公交专营企业成本，确定财政补贴基数。考核公交特许经营企业2008年度规制利润率。二是对公交运营成本进行规制。明确将公交正常经营性成本费用项目纳入成本规制范围，包括人员工资及四项经费、燃料费、修理费、固定资产折旧、轮胎消耗费、其他直接运营费用、管理费用、财务费用等与公交运营成本相关的成本费用。在成本监审的基础上，对上述成本费用项目分别测得了监审数、确定了标准值和规制值，规制值的确定一般取监审数和标准值的低者。

（2）对公交收入进行规制。公交规制收入包括公交运营收入，以及与公交运营相关的附属净收益，如公交场站租赁收入、公交广告净收益、公交相关的劳务净收益、计入公交运营成本折旧的固定资产处置净收益等其他净收益。公交规制收入以上年度规制收入和当年实际收入的较高者为标准值，以推动企业保持营收增长。

（3）提出了社会对公交行业总产出成果的分享概念。《方案》中指出：行业劳动生产率衡量公交全行业的投入产出比。总票价收入增加可以引起公交行业劳动生产率增长。引起总票价收入增加的主要因素有政府对公交基础设施投入引起的交通条件改善、区域内经济发展、人口增长等，因而总票价收入增加引起的劳动生产率提高应由社会分享。因此，将这种分享按公交行业劳动生产力增长率的一半折算成补贴基数减少来实现，即：

$$\frac{\text{社会对公交行业总产出}}{\text{成果的分享}} = \frac{\text{公交行业劳动生产力增长率} \times 0.5}{\text{规制前运营成本总额}}$$

（4）明确了不计入补贴基数的支出，分别是经营者非持续、非正常活动发生的费用，与公交服务无关的费用，滞纳金、违约金、罚款，公益性捐赠等共计 10 个方面。

（5）明确了成本规制补贴的计算方法。

规制成本 = 人员工资 + 四项经费 + 固定资产折旧 + 燃料费 + 轮胎消耗费 + 修理费 + 其他直接运营费用 + 管理费用 + 财务费用 − 社会对公交行业总产出成果的分享 − 已发放的成本费用类单项补贴

（6）明确给予公交企业规制成本 6% 的合理利润，并将规制补贴的 30% 与公交服务质量考核挂钩。只有公交服务质量达到主管部门考核指标，才能取得全额规制补贴，否则相应扣减。

二、第二轮基于成本规制的公交定额补贴机制改革

1.实施背景

深圳市 2008 年实施公交成本规制补贴后，极大促进了公交行业的发展，

特别是定额补贴政策实施 3 年以来，保障了公交行业平稳发展，促进了公交服务水平提升。但深圳市在第一轮城市公交补贴制度改革的过程中，政府更多地重视公交投入的"增量"变化，忽视了对其"存量"的管理。到 2012 年，公交运营线路、车辆、人员、财政补贴等均比 2008 年成倍增加，产生了公交规模持续扩大且不可控，企业营收积极性不高，公交财政补贴效益越来越不明显，财政补贴资金浪费问题开始出现。对此，深圳市启动第二轮城市公交行业补贴政策改革，按照"科学管控成本、直接惠及民生、企业可持续发展"的要求，在 2009 年出台的公交行业成本规制补贴政策的基础上，从 2013 年 6 月起实施核心为"购买服务大包干制"的定额补贴政策，即以成本规制为基础的"定额补贴"机制。

2. 主要内容

经深圳市政府批准，2014 年深圳市财政委、市交通运输委（以下简称"两委"）联合印发《关于印发深圳市公共交通财政定额补贴政策实施方案》及配套文件（"1+7"文件）的通知，实行新的财政补贴政策，即"定额补贴政策"。两委与 3 家公交企业分别签订了《财政定额补贴协议》，政府通过协议方式约定公交特许经营企业服务规模，并按照运营指标及服务质量考核结果，核定企业年度实际补贴额，保障公交公益性和激励企业增收节支，实现企业良性发展、科学管控成本、直接惠及民生的政策目标。财政定额补贴制度的核心是政府向公交特许经营企业购买公交服务，补贴总额的确定是在 2012 年企业成本规制监审的基础上，依据 2012 年企业所提供的服务规模予以确认，补贴总额在一定时期内保持不变。当各项成本的变动，特别是社会职工的平均工资、CPI、贷款利率变化等三项成本变动达到 5.5% 时，设置了调整补贴总额的机制。

3. 引入考核机制

深圳市公交第二轮定额补贴制度设计引入了服务规模考核（硬指标考核）和服务质量考核（软指标考核）的机制。

企业提供的服务规模考核：根据企业完成营运载客里程等 5 项生产运营指标确定补贴的发放总额，鼓励企业通过增收节支等方式创造利润，但不应通过缩减服务规模来创造利润。若企业缩减服务规模，则相应扣减补贴规模。分别以月度、年度为考核周期，考核公交企业线路月发车班次、线路首末班车服务时间、年运营载客里程、年客运量、年车辆保有量等5项运营指标，根据指标完成情况核减定额补贴，促进企业进一步管控成本，提升运营效率，实现可持续发展。

企业提供的服务质量考核：其核心是建立以特许经营企业服务质量考核为核心的公交服务监管机制，并通过这一机制转变公交企业的竞争方式，引导和促进公交特许经营企业加强管理、保障安全、诚信经营、优质服务。实现方法是立足于政府和企业当前对于服务质量考核的现实需求，通过建立科学的考核指标体系、考核方法及考核结果与补贴的联动机制，对企业的服务质量进行综合考核，按照"定量与定性考核相结合、年终与平时定期考核相结合，行业主管部门考核与市民及第三方机构考核相结合"的总体原则实施考核工作。2017年度公交服务质量考核指标体系分为安全管理、服务管理、服务形象、附加分4大类，具体由百万车公里死亡率、交通违章率、营运违章率、公交服务专项调查、投诉人次、线路开设和调整情况、线路停运等17项指标构成。分值权重主要设置在能直接反映企业服务水平的重要指标上。3家公交特许经营企业服务质量考核得分低于95分时，每低1分相应扣减100万元。

4.实施专项补贴

在对公交企业运营进行定额补贴的基础上，对公交特许经营企业场站租赁、新开公交线路、新能源公交车示范推广期运营进行专项补贴。

三、第三轮公交财政补贴机制的改革方向

1.实施背景

当前，深圳市城市发展进入"建成现代化、国际化、创新型城市的关键时期"。实际管理人口约1850万，人口密度约2.0万人/km^2，成为世界罕见的超高密度超大城市；城市中心城区范围由原特区内扩大至第二圈层，宝安中心区、龙华中心区、布吉等片区纳入核心区范围，中心城区面

积605km², 人口规模972万, 岗位规模592万, 岗位密度达到0.98万人/km²; 城市空间向第三圈层及都市圈范围扩展, 职住分离导致原特区内外之间的交通出行量显著增长。同时, 深圳市城市交通发展进入供给侧结构性改革的攻坚时期, 小汽车增速虽然放缓, 但总量大、使用强度高, 主要客流走廊和中心城区拥堵常态化; 轨道交通骨干作用日益凸显, 2020年底, 深圳市城市轨道交通四期建成通车, 运营里程由285km提升至433km, 公共交通体系格局发生较大变化, 在主要公交客运走廊上对城市公交的替代功能明显, 在市民公交机动化出行分担率占比上赶上甚至超过了公交占比, 公交客运量总体规模大幅下降。据测算, 2017年日均客运量为453万人次/天, 同比2012年625万下降约28%; 城市通勤客流在早晚高峰高度集聚, 早晚高峰4h客流占全日客流的47%, 公交资源配置与客流需求间难以完全匹配; 新能源公交车规模迅速扩大, 由2012年1113辆增加至2017年底16359辆。为将深圳打造成全球创新城市, 计划到2030年实现高峰期75%的机动化出行将由公共交通承担, 公共交通全程出行时间相对于小汽车从2017年平均1.9倍下降到1.5倍, 公交站点500m覆盖率达到100%的发展目标。在这种发展形势下, 现有的公交定额补贴机制已经与行业发展实际和未来发展方向不相适应, 需要进一步创新补贴体制机制。

2. 研究方向和重点

随着轨道交通的大规模开通运营和新能源公交车迅速发展, 既有常规公交财政补贴政策已经与常规公交运营实际产生了较大差异。2017年开始, 深圳市启动新一轮常规公交补贴机制研究, 以市民的全程出行体验为出发点, 从"量"和"质"两方面, 全力推进公交都市建设, 强化公共交通优先发展、引领发展的理念, 保障公共交通投资、建设、运营的可持续, 提高公共交通的服务品质和竞争力。提出了未来城市公共交通发展的三个关键目标: 以公共交通支撑城市发展, 让公共交通成为市民出行可信赖的选择, 使公共交通更具包容性和可持续性。研究的重点主要有四个方面: 一是对公交需求总量进行预测和管控; 二是统筹考虑轨道交通与常规公交运营主体地位转换, 以及对财政公共交通补贴分配产生的影响; 三是新能源公交车采购和运营成本变化引起的公交运营成本变化；四是公交企业运营考核和服务质量考核机制创新和指标体系设定。

  2020年，深圳市制定出台了第三轮公交行业财政补贴政策。新一轮补贴政策根据政府财政状况，以成本规制为基础，以运营指标和服务质量考核为保障，主动调整政府购买公交服务的规模、类型和质量，建立与财政支撑能力相适应的新型公交服务购买机制。基于平衡供给和需求的原则，将现有公交服务分为政府主导、企业自主、市场化三层服务，并进行分类管理和补贴，达到保基本民生、保重点区域、推动行业高质量发展的政策目标。第三轮财政补贴机制不再将场站费用、推广新能源公交车进行专项补贴，而是纳入规制成本范围，计入规制成本项。同时，计划对公交特许经营企业运营指标监督考核和服务质量考核指标体系和赋分权重进行调整，对公交行业运营补贴调整机制进行优化。为规避公交特许经营企业通过缩减人力成本方式追求利润最大化，相应制定了驾驶员配备与补贴资金挂钩的管理办法。

第二节　天津

一、补贴制度出台背景

  2013年9月，天津市下发了《天津市人民政府关于我市优先发展城市公共交通的实施意见》（津政发〔2013〕33号），文件提出2015年城市公交发展目标，并要求"加大财政支持力度，完善价格补贴机制。突出公共交通公益属性，继续加大对城市公共交通的投入力度"。2018年12月13日，交通运输部发布了《交通运输部关于命名北京市等12个城市国家公交都市建设示范城市的通报》，天津市等12个城市通过了公交都市创建验收，天津市成为国家公交都市建设示范城市。

  2019年，天津市常规公交日均客运量达到305万人次，公共交通机动化出行分担率为 59.6%，日均客运量达到 144 万人次、高峰日客运量达到 187 万人次，比 2015 年分别提高 82%、89%。建成 194km 公交专用道，公交站点 500m 覆盖率达到 100%，新能源公交车辆占比达到 80%。城市轨道交通运营里程达到 232km，比 2015 年增加 92km，地铁和轻轨实现统一运营管理，实现银行卡、手机应用程序（App）和一卡通等多渠道支付，京津冀交通一卡通覆盖全部地铁、公交线路。城市公共交通有效支撑了天津社会经济发展，保障了全体市民的基本出行。

随着天津市城市公交快速发展，逐步暴露出一些问题，一是运营成本较高。2017 年每公里运营成本明显高于同类型城市水平，其中贷款利息占运营成本比例远高于国内大部分公交企业。二是公交线路普遍偏长，平均长度超过 25km；公交线路绕行较多，平均非直线系数高达 1.70，即实际距离比直接距离超出 70%。车辆使用效率和客流强度逐年降低，2015—2017 年，每车日均行驶里程从 172km 降低到 125km，每车日均载客量从 327 人次降低到 256 人次，两项指标均低于同期全国平均水平。三是未能实现副业反哺主业。天津公交集团下属多家分公司、子公司，经营领域涉及出租车、建设投资、长途客运、旅行社、汽车租赁、车辆检测、加油站、酒店管理、会议服务等。近年来上述副业持续亏损，未能反哺公交业务。四是运营亏损较大。《天津市公共交通集团（控股）有限公司主体与相关债项 2018 年度跟踪评级报告》显示，2015—2017 年，天津公交营业收入分别为 26.03 亿元、25.32 亿元和 28.23 亿元，净利润为 -17.74 亿元、-14.95 亿元和 -19.16 亿元。2015—2017 年公交运营业务毛利率分别为 -83.59%、-111.29% 和 -146.68%。2015—2017 年，天津公交资产为 86.82 亿元、100.75 亿元和 86.36 亿元；负债为 76.62 亿元、93.78 亿元和 89.35 亿元，对应资产负债率为 88.25%、93.08% 和 102.28%。天津公交面临着较大的债务压力和亏损压力。

造成上述问题的原因是多方面的，一方面在地铁线路陆续开通的背景下扩大运力，给企业造成巨大的财务负担。另一方面在低票价和客流减少的背景下，没有及时建立常态化的政府购买服务或运营财政补贴制度，财政补贴仍采用较为粗放的一事一议方式，财政"有钱多补，没钱少补"，导致企业亏损长时间没有得到弥补，进一步加大了企业的经营难度，导致企业长期负债经营。为化解公交企业债务风险，建立规范和常态化的公交运营财政补贴制度，天津市于2018年启动专题研究，除化解债务风险方案外，研究制定了以公交成本规制为基础的公交运营财政补贴制度。2019年，天津市交通运输委、市财政局、市国资委联合印发《关于印发天津市公交运营成本规制及配套办法的通知》（津交发〔2019〕132号）。正式建立了以成本规制为基础的公交运营财政补贴制度体系。

二、制度主要内容和特点

1. 剥离历史债务，单独制定化债[①]方案

针对天津市公交集团债务负担较重的问题，天津市政府召开专题会议研究，要求天津市国资委、市财政局共同制定化债方案。同时，在成本规制办法中不再核定运营车辆折旧及财务费用，相关成本费用由化债方案一揽子解决。

2. 建立年度运营服务计划制度

为了从源头上控制运营成本增长规模，明确服务标准，天津市制定了《天津市公共汽车年度运营服务计划编制办法（试行）》。该办法要求由客运公共交通管理机构组织公交企业编制运营服务计划，具体包括线路基本信息、排班计划明细、市区与新区里程分布明细等。同时还明确了运营服务计划编制的技术要求，包括针对不同客流强度线路的运营时间要求、发车间隔要求、作业计划分类方法等。

年度运营服务计划确定的运营里程和服务标准用于企业运营成本预算及核定，同时作为服务质量考核的基本依据。

3. 建立财政补贴及配套政策

天津市通过比选不同补贴模式优势和劣势，综合考虑天津市公交企业市场主体数量、行业管理相关制度、财政可承受能力等多种因素，建立了

---

① 化解债务。

以年度运营服务计划制度为基础，以公交企业成本规制为手段，以运营服务质量考核为抓手的运营财政补贴制度体系。

4. 建立副业收益共享机制

为进一步激发企业自身造血能力和积极性，制度规定公交企业除公交客运外的其他业务如实现利润并达到净利润目标，则超出净利润目标部分的 50% 专项用于弥补公交主业政策性亏损，50% 留存企业用于自身发展。

5. 建立市区两级财政分担机制

按照财政事权与支出责任相匹配的原则，天津市建立了城市公交运营政策性亏损市、区分担机制。分担原则为：起点和终点均在外环线（含）以内的公交线路产生的政策性亏损，由市财政负担；起点和终点均在外环线以外的公交线路产生的政策性亏损，由线路所跨区财政按相应里程负担；起点和终点跨外环线的公交线路产生的政策性亏损，由市、区两级财政按相应里程负担；对于公交集团与各区人民政府签订的协议公交线路，政策性亏损由相应区财政负担。

第三节　成都

近年来，成都市坚持把公共交通摆在优先发展的位置，在规划、用地、路权、财政方面不断加大投入力度，成都市公共交通在基础设施、公交线网覆盖率、市民出行分担率、服务质量等方面，跃居国内一流城市行列，根据交通运输部《2016 年度中国主要城市公共交通大数据分析报告》，成都市城市公共交通综合排名位列全国第 5 名，仅次于"北、上、广、深"，在 15 个副省级城市中排名第一，公共交通行业发展取得了令人瞩目的成绩。成都市长期对公交运营亏损予以补贴，支撑了公交企业始终保持较高水平的服务保障能力。近年来，成都市还投入了大量资金发展轨道交通，通过几年时间的努力，中心城区正在快速进入以轨道交通为骨架、常规公交为辅助、其他交通方式为补充的多元一体化融合发展阶段。

一、成都市公共交通财政补贴制度沿革

成都市公共交通财政补贴大致分为三个阶段：2015年以前，成都市政府未建立制度化的财政补贴长效机制，采取的是"一事一议、一事一请"的补贴办法。2015年，成都市出台《关于进一步完善成都市常规公交财政补贴和考核机制的通知》，明确由成都市交委牵头制定公交生产安全和服务质量标准，市公安局牵头、市交委配合制定公交公共安全工作规范；明确由市国资委牵头，会同市交委、市发改委、市财政局、市审计局对成都市公交集团有限公司进行成本监审，由市发改委根据监审结果核定基准票价，由市财政根据市发改委核定的基准票价与成都市公交集团有限公司执行惠民政策后实际执行票价之间的差额，进行据实、足额、及时补贴，并提出成本监审及基准票价核定工作每两年开展一次。对于二圈层❶区国有公交企业运营补贴办法，参照中心城区执行，并建立市区两级共担政策；中心城区与二圈层互通的线路，按照市、区5:5比例分担补贴额度；二圈层之间互通的线路，按照两区5:5比例分担补贴额度；区域内运营线路由区级财政承担。同时，建立公交运营企业综合考核机制，市政府督察室对成都市公交集团公司承担的民生实事及重点任务目标进行考核；市交委对成都市公交集团公司优质服务等工作进行考核；市国资委对成都市公交集团公司国有资产经营及运营成本管理等进行考核，开始着手研究规范化、制度化的公交财政补贴机制。2018年初，成都市中心城区地铁快速成网运行，公交地铁一体化融合发展，常规公交进入客运总量基本保持稳定，面临运力布局调整、结构优化转型发展的新形势，成都市启动新一轮常规公交财政补贴政策调整。

二、成都市新一轮公交财政补贴政策主要内容

1. 实施背景

随着轨道交通逐步成网，市域内共享单车大量投放，公交客运量持续

---

❶ 成都二圈层包括龙泉驿区、青白江区、新都区、温江区、双流区、郫县。

下降。在这种发展背景下，成都市公交行业财政补贴产生了增量不增效的问题。2018年开始，成都市启动了中心城区公交企业成本规制财政补贴制度改革。

2. 补贴方案设计

将以成本规制为基础，以公交企业实际运营成本为参考，在现行公交票制票价政策下，按照公益性、补偿性、高效性、约束性、可持续的原则，对"11+2"中心城区范围内依法取得公交客运特许经营权并按政府规定运营计划提供相应公交运营服务的国有公交企业，实施成本规制财政补贴办法。

财政补贴内容主要为承担公交线网运营低票制政策所产生的政策性亏损，政府规定减免票价所产生的减收性政策性亏损，推广应用新能源汽车所产生的购车成本及超普通公交汽车运营成本政策性亏损，其他因执行政府指令性任务造成的政策性亏损。

实行"成本规制补贴"加"单项补贴"的财政补贴方式。对常规公交运营规制成本与低票价政策的差额部分，按成本规制补贴标准核定财政补贴资金；对属于公交企业不可控的政府优惠政策规定和指令性任务造成公交企业成本费用增加的部分，按单项计算方式核定财政补贴资金。成本规制补贴以2015—2017年成都市公交集团公司成本监审为依据，具体指标以3年平均数为成本规制参数；单项补贴中，乘车优惠政策补贴按照现行政策执行，推广使用新能源公交车补贴按照与常规公交车辆运营成本对比增加差额进行补贴，特殊公交线路（空港公交夜间线路、空铁枢纽接驳公交、旅游公交线路等）在特定运营时段或培育初期两年内按不亏损标准给予财政补贴，公交信息化建设与运维补贴由市经信委每年列支1000万元予以补贴，中央油价电价补贴以转移中央下达金额予以补贴。

实行运营指标考核和服务质量"逆向激励"考核。由市交委按照推动公共交通向高质量发展的要求，促进常规公交、轨道交通二网融合发展，面向资源优化配置，设定年运营里程、客运量等运营指标；面向乘客乘车体验，设定乘客满意度、行车准点率等服务质量指标，采取"逆向激励"

办法：公开运营指标和服务质量指标，将考核结果与一定比例的财政补贴资金通过绩效挂钩，运营指标考核提取 2 亿元资金，服务质量考核提取 1 亿元资金，对考核成绩未达到规定要求的，扣减一定比例财政补贴资金。同时，运营指标的设定，注重引导成都市公交集团公司将富余车辆和人员向二圈层以外区域进行配置，推进全市公交客运一体化进程，促进城乡公交服务均等化，为中心城区新能源汽车推广应用腾挪空间。

第四节 贵阳

一、补贴制度出台背景

2014 年 12 月，贵阳市人民政府办公厅印发了《贵阳市公共交通企业成本规制管理办法（试行）》，但该办法仅仅提出了各项成本的粗略规制方法，未明确具体指标值，政策未能实际实施。此后，贵阳市公交财政补贴仍采用较为粗放的一事一议方式，未能足额补足公交政策性亏损。

由于票款收入和补贴收入不足以覆盖公交企业人工、能耗等刚性支出，企业不得不依靠银行贷款维持经营。2016 年，经贵阳市委、市政府同意，贵阳公交集团开展了资产证券化工作，于 2017 年正式发行，募集资金总额 26.5 亿元，期限为 8 年（4+4），资金主要用于贵阳公交绿色产业项目的建设和运营。

2017—2019 年，贵阳市公交年总行驶里程从 1.77 亿 km 降低至 1.74 亿 km，线路条数由 292 条增加到 331 条，发车间隔有所增大，2019 年日均每车载客 498 人次，在全国 36 个中心城市中排名第三。尽管贵阳公交运营效率较高，但由于客运量下降、成品油价格补助退坡及成本刚性增长，公交企业亏损规模仍在扩大，2021 年债券还本付息压力巨大。

2020 年 2 月，贵阳市政府办公厅印发了《深化市公交集团公司体制改革方案》，主要任务：一是提升运营管理效率，推动企业向"公益性＋市场化"转型升级，精简人员、降本增效，建立线网优化调整机制，应用大数据技术科学调度运营班次和发车间隔。二是建立规范的公交成本费用评价机制，充分调动公交企业合理控制运营成本，提升服务质量积极性，提高财政资金使用效率。三是加大政策和资源扶持力度，提升公交企业市场化发展活力。制定化债方案，落实公交设施用地划拨政策，配置公交场站土地资源，支持公交场站商业开发，拓展定制型公交业务。四是建立多层次、差别化票制票价体系和票价调整机制。五是加强公交场站和配套设施建设，完善公交场站和配套设施建设管理制度，加强公交专用路权管理。六是探索公交企业改革体制机制，完善从业人员分流机制，建立薪酬增长机制，推进经营性子公司改革。

二、制度主要内容和特点

2021年，贵阳市印发《市人民政府办公厅关于印发〈贵阳市政府购买城市公交服务管理办法〉〈贵阳市城市公交运营 成本规制办法〉〈贵阳市城市公交运营服务质量绩效考核管理办法〉的通知》（筑府办函〔2021〕2号）。

1.明确服务标准月

明确运营计划执行率、早晚高峰出车率、发车准点率、工作车率、完好车率等16项服务标准及考核目标，涵盖运营保障、安全生产、服务质量、经营管理、社会责任等5个方面。

2.建立双挂钩激励机制

建立服务质量绩效考核结果与财政补贴及企业领导班子薪酬双挂钩机制。公交企业通过提高运营服务考核绩效，最高可获得500万元奖励资金。此外，将考核结果与公交企业领导班子薪酬直接挂钩，进一步提高公交企业提质增效的积极性。

3.建立一线驾驶员薪酬正常增长机制

针对驾驶员劳动强度高、薪酬水平较低的问题，规定公交驾驶员年平均工资水平最高可达到上一年贵阳市全部职工平均工资的120%。

4.建立副业收益共享机制

为提高公交企业副业经营积极性，文件规定公交企业多元化业务利润的30%专项用于反哺主业政策性亏损，企业可留存利润的70%用于自身发展。

第五节 佛山

2008年，佛山市借鉴德国经验，以政府购买服务为核心理念，开始探索公交TC模式改革。公交TC模式即"交通共同体（Transport Community）"模式，其核心是实行"票运分离"，由交通共同体管理中心（以下简称TC公司）代表政府统一收取票款，对公交网络进行规划，对运营商提出服务质量要求，通过成本核算以政府购买服务的形式向企业购买公交服务。TC公司代表政府根据中心城市市民出行的需求，制定规范、量化的公交服务标准，以合约的形式向企业购买服务，并实施监管落实。在对运营企业的管理上，由过去单一的行政约束管理转变为以法定合约管理为主、行政约束管理为辅的方式。佛山TC模式的组织架构分为政府层（公共交通协调机构）、管理层（即TC公司）和运营层（各公交运营企业）。

一、购买方式与内容方面

佛山公交TC模式采取公开招投标方式，确定购买服务的承接主体，购买主体是佛山市交通运输局和禅城区、顺德区、三水区交通运输局，承接主体主要包括TC公司和多个公交运营企业。购买服务内容包括两个方面，即运输服务事项和事务管理事项。前者主要包括公交线路运营服务、公共自行车运营服务、车辆的维修维护及清洁维护、场站枢纽运营管理和维护、公交信息服务提供、运营安全管理、服务质量监督和考核、市民投诉管理、票款收集核算和监督审核等服务事项；后者主要包括购买服务合同管理，城市公交信息采集分析，公交线网、场站规划，企业运营生产计划制定和调整，购买服务绩效评价，公交票制票价研究制定和调整，公交成本-收益分析，公交服务标准规范研究，公交优先推广宣传等技术性、辅助性服务事项。

二、资金管理方面

佛山市政府购买公交服务资金全部纳入市、区政府财政预算管理。在公交TC模式下，将现行的运营服务结算分为固定成本和变动成本两部分。佛山市在制定政府购买公交服务的价格时，首先由公交企业自报成本并提供原始凭据，由政府成立专家组计算成本，并聘请中介机构审查各公交企业上一年度实际运营成本，最后会同财政部门召开成本核算专题会议，综合各方意见，确定公平合理的成本。政府除支付企业运营成本外，还给予企业6%的利润回报。在运营过程中，TC公司加强对公交企业的监管，每年聘请中介机构对公交企业的实际运营成本进行审计，根据市场物价变化，适时调整购买服务的合同成本。TC公司根据不同线路的实际运营情况（如客流、路况等），核定出不同线路的公里价格，按企业实际行驶里程结算（实际营运里程×线路公里价格）。如出现线路调整、里程增减等情况，实时调整线路公里价格。

三、绩效和监督管理方面

由公交 TC 公司按照购买公交服务合同的内容进行服务质量监督、运营成本结算、公交网络规划调整、线路营运管理等，监督考核的结果与运营企业的收入挂钩。对于公交企业进行监督和服务质量考核主要有三个途径：一是以智能公交系统为支撑，进行动态监管与服务考核，如 GPS 运营监控，车载视频监控对车辆状况和车载设备的监控等；二是依靠人工巡查监管，包括管理层、TC 管理公司的监管和公交义务监督员的监管；三是市民和媒体监督，如群众举报等。特别是智能公交系统的建立，为监督公交服务是否达到合约要求提供了强大的支撑。监督考核的结果与购买服务资金挂钩。

TC模式具有相对较严苛的适用条件，该模式对于城市政府治理能力、城市财政状况、市场发展程度、企业管理水平等方面都提出了较高要求。

（1）强有力的政府治理能力。一是要有较高的协调管理能力，发挥政府的主导作用，统筹协调交通、财政、物价等相关部门。二是要有科学的决策能力，政府掌握公交线路和场站的所有权、经营权和发展权，有责任科学定位城市公交发展目标。三是要有较强的监督管理能力和良好的政府信用，政府与企业都应具有较强的履约能力，既需要加强对企业服务质量的监督，也需要提升政府信用。

（2）可靠的城市财政保障能力。公交企业运营成本和收入风险均归政府承担，因此，不仅要具备很强的政府财政支持保障能力，还要求城市财政收入的稳定性和可持续性，以应对在推广该模式过程中可能急剧增长的购买服务资金需求。此外，政府要根据城市公交发展目标，对购买服务制定科学合理的财政预算约束，控制财政投入的无限制增长。

（3）成熟且稳定的运营市场。城市公交行业应已具备"规模经营、适度竞争"的条件，需要拥有3家及以上有一定服务能力参与市场竞争的较大规模公交运营企业，通过竞争性招投标方式，选择合适的运营主体。此外，城市公交经历快速发展期，市场已趋于稳定，对于公交基础设施建设、线网调整、客流量变化、运营成本变化、财政支出需求等能够形成相对稳定的预期。

（4）较高的企业管理水平。企业仅负责按照合同约定的服务标准开展运营，提供优质的公交运营服务。这就要求城市公交企业建立、完善现代企业管理制度，规范法人治理结构，建立健全财务管理和会计核算制度，加快企业信息化建设，建立与政府购买服务资金结算相适应的数据收集分析和统计报表制度。

第十章 CHAPTER 10

制度展望

从宏观层面来看，政府购买公共交通服务制度是由直接制度和间接制度共同构成的一个制度体系，本书之前的内容讲述了直接制度体系，要想使政府购买公共交通服务制度体系真正发挥功效，还需要建立相对完整的配套制度体系，做到直接制度和间接制度相辅相成，共同支撑保障政府购买公交服务工作规范化、科学化开展。

第一节　财政资金绩效评估管理

推进政府购买服务是新时期中央全面深化改革、建设服务型政府、创新公共服务供给方式、提高公共服务供给水平和供给效率的客观要求。其主要目标之一就是整合利用社会资源，提高财政资金使用效率，有利于实现以人为本，促进基本公共服务均等化，为人民群众提供更加优质的城市公共交通服务。然而，目前购买公交服务的政府财政资金使用效率仍然不高，体现在以下两个方面：一是财政购买服务资金增长过快，补贴资金的使用效率不明显，乘客对于巨额的政府补贴并没有明显的"获得感"；二是公交企业盈利能力下降，成本不断上涨，为了维持城市公交的服务质量和水平，导致公交财政负担不断加重。以苏州为例，2014年，市级财政对公交补贴已达到12亿元，2018年达到56.97亿元。财政支出增长过快，财政资金使用效率不高，迫切需要建立起公共交通财政补贴资金使用效率评估制度，加强资金绩效管理，提高资金使用效率，并把它作为补贴资金发放的重要依据之一。

一是健全政府城市公共交通基础设施投资的决策机制，坚持科学的决策规则和程序，提高投资项目决策的科学化、民主化水平。一方面，要明确各级政府在城市公共交通基础设施投资决策中的地位和作用，建立层次明确、责任清晰的分级投资决策结构。要明晰产权、事权，建立协调机制，切实解决"公地灾难"问题。另一方面，要重视公共财政投资项目的可行性研究与评估，建立城市公共交通基础设施投资项目专家评审论证和咨询评估制度。建立专项资金绩效考评制度，对重大项目设定绩效目标，并组织力量进行绩效考评。

二是完善资金管理法律规定，规范城市公共交通发展专项资金管理。针对不同的资金类型和资金运用方式，确定相应的管理办法。规范城市公共交通基础设施项目的建设标准，并根据情况变化及时修订完善。建立科学、严密的财政资金拨付制度，按项目建设进度下达投资资金计划。加强投资项目的中介服务管理，对咨询评估、招标代理等中介机构实行资质管理，提高中介服务质量。

三是对城市公共交通企业实行年度审计与结果公开制度。政府主管部门委托具有相应资质的独立会计师事务所对城市公共交通企业的经营状况进行年度审计，审计结果在政府相应网站上公布，接受社会监督与咨询，从而最大限度地减少信息不对称所造成的补贴不公正问题；以城市公共交通企业正常经营所造成的政策性亏损为依据，确定相应的补贴额；对审计或社会监督中发现的可能弄虚作假、转移城市公共交通正常生产经营性资金，或故意造成损失的，予以惩罚（减少补贴额），直至取消其城市公共交通线路经营资格等。

第二节 政府和市场信用体系建设

社会信用体系是社会主义市场经济体制和社会治理体制的重要组成部分。加快信用体系建设，是完善社会主义市场经济体制、加强和创新社会治理的重要手段，对增强社会成员诚信意识、营造优良信用环境、提升国家整体竞争力、促进社会发展与文明进步具有重要意义。

在政府购买城市公共交通服务过程中推进信用体系建设，一方面应进一步加强政务诚信，依法行政，强化政府预算约束，提高透明度，保障购买服务资金及时拨付到位。各级城市公共交通主管部门应发挥政府诚信建设示范作用，加强自身诚信建设，带动城市公共交通领域树立诚信意识、提高诚信水平。另一方面应加强行业信用体系建设。规范政府购买服务资金的管理和使用，建立健全内部监督管理制度。购买主体要积极联合有关部门，建立涵盖城市公共交通各门类、各从业主体的市场诚信制度，完善行业监督与社会评价相结合的诚信考核机制，实行联合惩戒制度。在购买服务实施过程中，发现承接主体不符合资质要求、歪曲服务主旨、弄虚作假、骗取冒领财政资金等违法违规行为，应依据相关法律法规进行处罚；对造成重大恶劣社会影响的，应当禁止其再次参与城市公共交通领域政府购买服务工作。具体来说，要做好以下几个方面的工作：

一是完善信用制度标准体系。统一的信用标准是开展行业信用体系建设的前提，因此，重点强调加强行业信用规章建设，推进行业信用信息系统标准规范的制（修）订，完善行业信用信息采集记录制度。建立信用记录、档案、评价、监督、奖惩、应用等机制及信用信息采集、共享、公开、管理等制度；开展信用信息分类与编码、信用信息资源元数据等标准规范制定工作，建立以组织机构代码和居民身份证号为基础的统一规范的信用信息采集和分类管理标准，对各方主体的基本信息、不良行为记录信息等内容作出统一规定。

二是建立完善的信用评价制度。首先是构建诚信考核指标体系，针对城市公共交通不同视角分别制定考核指标，确保全面、准确、客观、公正地反映企业诚信状况。建立完善的城市公共交通诚信考核评价制度，根据考核指标体系，科学制定诚信评价内容、评价等级、评价标准、评价方法和评价周期等。积极引导社团组织等第三方机构参与诚信考核评价，逐步建立城市公共交通管理机构与社会信用评价机构相结合，具有监督、申诉和复核机制的综合考核评价体系，保证考核评价结果的公正性、合法性和权威性。

三是健全信用信息安全管理和诚信奖惩机制。建立健全信用信息安全监控体系，加大安全监督检查力度，做好安全风险评估，加强信用信息服务系统安全管理，建立和完善应急处理机制，加快推进行业信用信息安全基础设施建设。建立诚信激励机制，在政府采购、招投标管理、投资补助等环节对诚信企业给予重点支持和优先安排。落实失信惩戒措施。加强监管和制约，严格实施惩处措施，逐步建立跨地区、跨行业诚信奖惩联动机制，使失信企业和从业人员一处失信，处处受制。

第三节 公交运行监测体系建设

2021年3月，国家印发了《中华人民共和国国民经济和社会发展第十四个五年规划和2035年远景目标纲要》，明确提出了"加快数字化发展，建设数字中国"的重要任务，要求迎接数字时代，激活数据要素潜能，推进网络强国建设，加快建设数字经济、数字社会、数字政府，以数字化转型整体驱动生产方式、生活方式和治理方式变革。文件还提出要"完善城市信息模型平台和运行管理服务平台，构建城市数据资源体系，推进城市数据大脑建设；探索建设数字孪生城市""提高数字化政务服务效能""全面推进政府运行方式、业务流程和服务模式数字化智能化"，这对于如何实施科学的城市公共交通补贴机制，如何获取精准的企业运营成本情况数据、业务收入情况数据、企业运营管理数据、企业运营服务数据等，如何实施绩效考核都提出了方向性指引，有助于政府购买公交服务更加透明、客观、公正、高效。

一是公交运行数据获取。构建智慧化公交运行管理系统，其中需要的功能系统包括车辆定位数据预处理系统、车辆定位数据分析系统、公交IC卡数据预处理系统、上车识别系统、下车推导系统、公交客流数据分析系统和数据可视化系统等多个子系统。运用卫星定位、客流采集、GIS等技术实时获取公交车辆位置、运行状态、客流等信息，实现可根据客流状态、突发事件等情况灵活调整车辆运营线路。利用一系列数据进行运营管理，通过油耗、电耗等检测、驾驶员驾驶行为监测等系统，全方面获取公交状态数据，为计算成本、降低成本等提供精准数据分析支持。

二是企业内部管理数据获取。构建企业内部管理系统，实现企业管理与运营数据的生成、收集、存储、统计、分析，使得公交企业领导和各部门及时得到各管理与运营业务的相关数据，包括车辆和场站等静态数据、材料使用和保养维修动态数据、运营计划与运能匹配管理等数据、员工管理和企业营收数据等。重点是能够对整个企业生产经营进行精细化统计分析和决策预测，对企业生产经营效率进行分析评估，为企业领导和相关部门进行考核评估、安全应急等提供数据支持。

三是企业信用信息采集。建设企业诚信信息系统，完善信用信息记录管理制度，研究制定统一的诚信信息分类及编码、信息格式、诚信报告文本和数据库建设规范，以及信息采集、使用、保护、监督工作规范等，实现公交企业和从业人员基本信息及诚信信息共享。通过信息系统自动记录公交企业、从业人员的各种信用信息，建立与有关部门考核信息的共享机制，逐步将公安、工商、安监、质监、劳动保障、税务等部门掌握的道路运输企业有关诚信信息纳入诚信考核，及时向社会提供道路运输企业和从业人员诚信信息，保证信用信息的客观、真实、准确，充分体现诚信信息的重要价值。

参 考 文 献

[1] 许飒，张玉清，杜云柯. 城市公交票价调节机制设计研究［J］. 交通运输研究，2016，2（03）：23-35.

[2] 杨则海. 城市公共交通的二重性与补贴机制研究［J］. 城市公共交通，2000（4）：15-17.

[3] 张敏，欧国立. 城市公共交通补贴问题分析［J］. 城市公共交通，2001（3）：9-12.

[4] 李瑞敏，杨新苗，史其信. 国外城市公共交通财政补贴政策研究［J］. 城市发展研究. 2002（3）：62-65，70.

[5] 孙麒. 城市公交行业垄断法律规制研究——以重庆公交行业垄断为视角［D］. 重庆: 西南政法大学，2007.

[6] 郑方辉，严卓然. 城市公交车服务满意度研究［J］. 市场研究，2005（8）：38-40.

[7] 何朝平. 城市公共交通管理体制研究［D］. 西安: 长安大学，2006.

[8] 周军. 深圳市公交票价及财政政策研究［J］. 工程建设与设计，2006（07）：73-76.

[9] 杨林. 城市公共交通价格改革研究［J］. 价格月刊，2005（1）：28.

[10] 张凌翔. 汉堡公共交通票价体系［J］. 城市公用事业，2002（1）：11-13，46.

[11] 胡润州. 由公交优先与票价政策引发的思考［J］. 城市交通，2007（3）：94-95.

[12] 陈汀. 城市公交财政补贴机制研究［D］. 成都: 西南交通大学，2013.

[13] 梁月. 北京市地面公交补贴机制研究［D］. 北京: 北京交通大学，2015.

［14］徐明睿. 公共交通财政补贴模型的分析与应用［D］. 北京: 北京交通大学，2018.

［15］王镜. 基于博弈分析的城市公共交通定价及补贴的理论与方法研究［D］. 北京: 北京交通大学，2008.

［16］胡思红. 公交企业标准成本研究［J］. 城市公共交通，2004（5）: 18-19.

［17］李京. 探索建立成本费用评价体系，确保城市公交行业良性发展［J］. 城市车辆，2007（10）: 61-62.

［18］黄海南，翁剑成，刘力力，等. 基于多源数据的常规公交运营成本测算方法研究［J］. 交通信息与安全，2013，31（6）: 6-10.

［19］史小特. 基于博弈论的城市公共交通定价模型研究［D］. 重庆: 重庆交通大学，2015.

［20］周紫薇. 基于博弈论的公共自行车企业政府补贴模型研究［D］. 长沙: 湖南大学，2016.

［21］王智勇. 政府购买服务模式下公交财政补贴研究［D］. 济南: 山东财经大学，2017.

［22］戴承业. 基于公益补贴的城市地面公交运行改革研究［D］. 上海: 上海交通大学，2017.

［23］战榆林. 伦敦公交招投标制度的启示［J］. 运输经理世界，2010（01）: 21.

［24］禹淑景. 浅析公交成本费用合理界定［J］. 中国商界，2010（2）: 354-355.

［25］修树芝. 标准成本法在企业财务成本管理中的应用［J］. 企业研究，2011（24）: 96-97.

［26］曾文鼎. 新形势下公交补贴发展的变革——以深圳新一轮补贴政策为例［J］. 交通与运输，2020，33（S2）: 204-208.

［27］李延涛. 城市公共交通财政补贴模式探索［D］. 济南: 山东大学，2014.

[28] Steven Chien, Feng-Ming Tsai. Optimization of Fare Structure and Service Frequency for Maximum Profitability of Transit System［J］. Journal of Transportation Planning and Technology，30: 477-500.

[29] Li ZC, Lam WHK, Wong SC The Optimal Transit Fare Structure under Different Market Regimes with Uncertainty in the Network［J］. Networks and Spatial Economics, 2009, 9（2）: 191-216.

[30] Cubukcu KM. Examining the cost structure of urban bus transit industry: does urban geography help?［J］. Journal of Transport Geography, 2008, 16（4）: 278-291.

[31] Iseki H. Effects of contracting on cost efficiency in US fixed-route bus transit service［J］. Transportation Research Part A Policy & Practice, 2010, 44（7）: 457-472.

[32] Tirachini A, Hensher D A, Jara-Diaz S. Comparing operator and users costs of light rail, heavy rail and bus npid transit over a radial public transport network［J］. Research in Transportation Economics, 2010, 29（1）: 231-242.

[33] 王健，陈娟. 基于差别定价的城市公共交通价格体系研究［J］. 科学技术与工程，2010，22: 5466-5469.

[34] 刘杰，何世伟，宋瑞. 基于社会经济效益最大化的轨道交通票价优化［J］. 吉林大学学报（工学版），2011（05）: 1268-1272.

[35] 刘彤，綦忠平，王逢宝. 新加坡公交定价模型对城市公交票价改革的启示［J］. 价格理论与实践，2007，10: 46-47.

[36] 章玉，唐热情，王晓凯. 我国城市公交票制票价优化的对策建议［J］. 综合运输，2012（02）: 23-25.

[37] 郝记秀，周伟，黄浩丰，等. 城市公共交通财政补贴测算模型研究［J］. 交通运输系统工程与信息，2009（02）: 11-16.

[38] 高巧涛，赵淑芝，倪同巧. 基于标准成本的城市公交补贴测算方法［J］. 交通科技与经济，2012. 14（6）: 1-3.

［39］吴颖，卢毅，周正禅. 城乡公共交通价格成本补贴联动机制框架研究［J］. 价格理论与实践，20（5）：58-60.

［40］Tirachini A, Hensher D A, Rose J M. Multimodal pricing and optimal design of urban public transport: The interplay between traffic congestion and bus crowding［J］. Transportation Research Part B Methodological, 2014, 61（2）: 33-54.

［41］Mattson J, Ripplinuer D. Marginal cost pricing and subsidy of small urban transit［J］. Transportation Research Record, 2012, 2274: 77-83.

［42］Antos J D., Paying for public transportation: the optimal, the actual, and the possible［D］. Boston: Massachusetts Institute of Technology, 2007.

［43］林定良. 张天孟. 城市公交企业财政补贴机制探讨［J］. 城市公共交通，2013（11）：33-37.

［44］宋岩. 新视角下公交运营亏损补贴的核定方法研究［J］. 新会计，2014（6）：54-55，47.

［45］髙样涛. 城市公交财政补贴测算方法与激励模型研巧［D］. 长春：吉林大学，2011.

［46］郭静丽. 基于 SCP 理论的西安市公共交通行业绩效研究［D］. 西安: 长安大学，2017.

［47］徐明睿. 公共交通财政补贴模型的分析与运用［D］. 北京: 北京交通大学，2017（30）：18-19.

［48］郝丽娜. 城市公交成本规制探讨［J］. 区域与城市经济，2018（28）：33-34.

［49］朱伟权，谢秉磊，杨晓光，等. 公交补贴机制研究综述与展望［J］. 交通信息与安全，2015（33）：1-7.

［50］王萌. 政府部门预算绩效评价体系设计——以A县交通局为例［D］. 保定: 河北大学，2017.

［51］陈枫. 3E视角下的公交补贴政策与公交运营成本分析——以A地区

公交运营补贴政策为例［J］.财政监督，2017（05）：81-83.

［52］王小红，翁小雄，韩慧龙，等.票价优惠政策下的 BRT 系统绩效评价［J］.交通信息与安全，2014（02）：82-85，94.

［53］刘敏，王萌.3E还是4E：财政支出绩效评价原则探讨［J］.财政监督，2016（1）：59.

［54］郑继媛.城市公交企业管理绩效评价及实证研究.［D］.南京：东南大学，2015.

［55］交通运输部.中国城市客运发展报告（2017）［M］.北京：人民交通出版社股份有限公司，2018.

［56］交通运输部.中国城市客运发展报告（2018）［M］.北京：人民交通出版社股份有限公司，2019.

［57］交通运输部.中国城市客运发展报告（2019）［M］.北京：人民交通出版社股份有限公司，2020.

［58］交通运输部.中国城市客运发展报告（2020）［M］.北京：人民交通出版社股份有限公司，2021.

［59］周华庆，杨家文.公共交通经营规制沿革与启示——以深圳市公共汽车40年发展历程为例［J］.城市交通，2017，15（06）：63-72.

［60］尤理，陈波苍，张志哲.城市公交可持续发展的补贴机制探索［J］.交通工程，2018，18（4）：60-64.

［61］苏跃江，胡郁葱，李晓玉.城市公共汽车运营管理模式的改革路径［J］.城市交通，2019，17（06）：63-70，128.

［62］张韦华，梁程，韩兵等.城市公共交通优先发展保障体系及关键技术［J］.交通世界，2020（29）：12-15.

［63］蔡少渠.加快湖北城市公共交通发展的思考［J］.城市公共交通，2020（03）：13-14.

［64］王蕾，朱彤.我国城市公共交通价格形成机制研究［J］.城市，2020（6）：62-72.

［65］丁芝华.市场化改革背景下城市公共交通规制的模式研究［J］.重

庆社会科学，2021（6）：43-51.

［66］余淼，陈震寰. 融合导向的杭州公共交通机制政策研究［J］. 交通与运输，2021，34（S1）：168-173，200.

［67］韦薇，王丽园. 南宁市公交换乘票价优惠政策方案制定研究［J］. 交通世界，2021（Z2）：1-2，6.